Brigitte Witzer

30 Minuten

Risikointelligenz

Bibliografische Information der Deutschen Nationalbibliothek

Die Deutsche Nationalbibliothek verzeichnet diese Publikation in der Deutschen Nationalbibliografie; detaillierte bibliografische Daten sind im Internet über http://dnb.d-nb.de abrufbar.

Umschlaggestaltung: die imprimatur, Hainburg
Umschlagkonzept: Martin Zech Design, Bremen
Lektorat: Dr. Sandra Krebs, GABAL Verlag, Offenbach
Satz: Zerosoft, Timisoara (Rumänien)
Druck und Verarbeitung: Salzland Druck, Staßfurt

Hinweis:
Das Buch ist sorgfältig erarbeitet worden. Dennoch erfolgen alle Angaben ohne Gewähr. Weder Autorin noch Verlag können für eventuelle Nachteile oder Schäden, die aus den im Buch gemachten Hinweisen resultieren, eine Haftung übernehmen.

Printed in Germany

ISBN 978-3-86936-445-2

In 30 Minuten wissen Sie mehr!

Dieses Buch ist so konzipiert, dass Sie in kurzer Zeit prägnante und fundierte Informationen aufnehmen können. Mithilfe eines Leitsystems werden Sie durch das Buch geführt. Es erlaubt Ihnen, innerhalb Ihres persönlichen Zeitkontingents (von 10 bis 30 Minuten) das Wesentliche zu erfassen.

Kurze Lesezeit
In 30 Minuten können Sie das ganze Buch lesen. Wenn Sie weniger Zeit haben, lesen Sie gezielt nur die Stellen, die für Sie wichtige Informationen beinhalten.

- Alle wichtigen Informationen sind blau gedruckt.

- Schlüsselfragen mit Seitenverweisen zu Beginn eines jeden Kapitels erlauben eine schnelle Orientierung: Sie blättern direkt auf die Seite, die Ihre Wissenslücke schließt.

- *Zahlreiche Zusammenfassungen innerhalb der Kapitel erlauben das schnelle Querlesen.*

- Ein Fast Reader am Ende des Buches fasst alle wichtigen Aspekte zusammen.

- Ein Register erleichtert das Nachschlagen.

Inhalt

Vorwort

Wir wollen einfach nur das Beste für uns, für unsere Familien, für unsere Unternehmen und unsere Mitarbeiter und fühlen uns manchmal überfordert von den dabei anfallenden Entscheidungen mit weitreichenden Konsequenzen. Wir haben doch genug um die Ohren! Ob im Privatleben oder im Beruf, wir stehen unter zeitlichem Druck und verfügen nicht über alle nötigen Informationen, die wir für die Entscheidungsfindung brauchen.

Was passiert? Wir sehen bei uns und anderen statt kluger Entscheidungen oft genug das krasse Gegenteil: Vermeidungsstrategien, schlechte Gewohnheiten und schlechter Rat bringen uns immer wieder in Sackgassen oder vermitteln uns das Gefühl, dem ganz normalen Leben nicht immer gewachsen zu sein.

Vorhandene Spielräume verspielen wir, weil andere Themen sich in den Vordergrund drängen. Manchmal schätzen wir Situationen am Anfang falsch ein und vertun damit kostbare Zeit, oder wir schalten auf Autopilot, schauen einfach nicht genau hin.

Das Ende vom Lied: Wir geraten in Panik, greifen nach dem nächstbesten Strohhalm – Lösungen „von der Stange" wie die klassische Ratgeberliteratur oder standardisierter Rat von der Kartenlegerin am Esoterik-Telefon bis hin zu den Strategen bei McKinsey.

Eine solche Außensteuerung kann punktuell orientierend und hilfreich sein, ist aber meist weder nachhaltig noch entwickelt sie die eigene Entscheidungskompetenz weiter. Die Lösung ist hier wie so oft das Problem: Wir tendieren zu schnellen Maßnahmen und glauben den Diagnosen anderer.

Was aber wäre eine Alternative? Eine profunde Innensteuerung, die uns das optimale Navigationsgerät in eigener Sache liefert. Machen wir uns also auf und entwickeln ein System, wie wir verlässliche und fundierte Antworten aus uns selbst heraus geben können. Ziel: Antworten und Prozesse, auf die wir wirklich bauen dürfen.

Solch ein System liefert uns unsere Risikointelligenz. Risikointelligenz steht für unseren ganz persönlichen Zugang zu unseren individuellen Ressourcen, die, gut gebündelt, zugänglich und beständig genutzt, ein sensibles, gut vernetztes Kraftpaket darstellen – so lässt sich der Komplexität der Welt Paroli bieten! Was genau zu diesen persönlichen Ressourcen gehört und wie Risikointelligenz aktivierbar und nutzbar ist, darüber erfahren Sie in 30 Minuten alles Nötige. Mit den eingeschobenen Selbstcoaching-Einheiten wissen Sie dann auch mehr über sich selbst. Viel Vergnügen!

Brigitte Witzer

30 MINUTEN

1. Risiken behindern den Erfolg

Wir haben scheinbar täglich mehr und Neues zu entscheiden. Woher kommen diese zunehmenden Risiken? Und wieso kommen wir damit schlechter zurecht als Menschen in anderen Gesellschaften oder zu anderen Zeiten? Diese und ähnliche Fragen bewegen uns nicht nur abends, wenn uns die Nachrichtensendungen zuverlässig die Alarmmeldungen des jeweiligen Tages ins Wohnzimmer spülen.

Was ist anders als früher? Die Komplexität des Lebens hat zugenommen. Ursache dafür sind vor allem die Innovationssprünge, die in der Informatik und der Kommunikationstechnik zu großen gesellschaftlichen Veränderungen geführt haben und uns in ihrem Gefolge weitere Herausforderungen lieferten: Das globale Dorf etwa stellt uns vor bislang ungeahnte Fragestellungen in Sachen interkultureller Zusammenarbeit und wirtschaftlichen Überlebens.

Schon einmal war ein Versuch gemacht worden, diesen Herausforderungen gerecht zu werden: mit dem Konzept der emotionalen Intelligenz.

1.1 Warum Risikointelligenz?

Brauchen wir wirklich noch eine weitere Intelligenz? Wir hatten doch schon Mitte der 1990er-Jahre den Intelligenzbegriff um die Emotionen erweitert. Erinnern Sie sich? Damals erlebte die emotionale Intelligenz einen sensationellen Siegeszug; sie ersetzte sofort und ohne Umstände die „Soft Skills".

Unberechenbarkeit akzeptieren
Bis zu diesem Zeitpunkt hatte der Verstand die absolute Priorität als Wegweiser: Die Ratio war handlungsleitend und sollte berechenbare Optionen für die Zukunft liefern. Aber das funktionierte so leider nicht. Unser Leben zeigte uns schon „damals", dass eben nicht alles berechenbar ist – beispielsweise Menschen oder die Natur, unser Ökosystem. Wir erlebten, nach dem GAU von Tschernobyl, dass das Unberechenbare weltweite Auswirkungen hat.

Handlungsfähigkeit herstellen
Was kam dann? Auch die emotionale Intelligenz führte uns tiefer in quantitatives Erfolgsdenken, zu „mehr vom Falschen". Emotionen wurden technisiert und unter Überlegungen von „Selbststeuerung" und „Steuerung von Menschen" quantifiziert. Die Chance? Vertan. Stattdessen verschärfte sich die Konsumorientierung und verdrängte unmerklich unsere innere Unabhängigkeit. Wer aber an Konsum orientiert ist, den bringt der

panische Blick auf Gefahren zwangsläufig zu Verlustangst und in Handlungsunfähigkeit. Und hier kommt Risikointelligenz ins Spiel.

Jede Handlungsoption birgt Risiken – noch lang keine Gefahren. Also wird es nötig, Risiko und Gefahr zu unterscheiden. Denn Gefahren erfordern sofortiges Reagieren, Risiken dagegen eröffnen uns aktive Spielräume. Hier setzt die Risikointelligenz an.

Sie befähigt uns, unsere Spielräume zu nutzen. Dazu braucht es einerseits Bewusstheit und andererseits den Zugang zu den eigenen Ressourcen. Bewusstheit liefert uns die nötige Klarheit über unsere Realität und über unsere Wertorientierungen. Die eigenen Ressourcen halten uns handlungsfähig; zu ihnen zählen neben unserem Verstand auch unsere Intuition, unsere Erfahrungen und natürlich unsere Emotionen.

Denken und Fühlen zusammenbringen

Risikointelligenz bringt also Denken und Fühlen wieder zusammen, mit dem unschätzbaren Vorteil für jeden von uns, passgenaue Handlungsoptionen für das eigene Leben zu entwickeln und eine solche Art von Handlungsfähigkeit in dieser Gesellschaft für möglich und attraktiv zu halten. Die Chance ist groß, aus dem Konsum zurückzufinden in ein selbstbestimmtes, modernes Leben.

Risikointelligenz akzeptiert, dass Gegenwart und Zukunft unserer Welt unberechenbar sind. Sie

setzt – statt auf Konsum, auf Quantität oder bloße Ratio – auf das Zusammenspiel von Bewusstheit und der Nutzung unserer inneren Ressourcen sowie auf das Zusammenspiel von Fühlen und Denken.

1.2 Komplexität allüberall

Der erste Schritt in dieses selbstbestimmte, an unserer Gegenwart ausgerichtete Leben ist, die vorhandene Komplexität anzuerkennen. Die gesamtgesellschaftlichen Entwicklungen sind nicht umkehrbar und auch nicht durch punktuelle Verweigerung auszuhebeln. Es geht um mehr als um Einzeleffekte, es geht um generelle Dynamiken, die uns alle erfassen und deren Ende nicht absehbar scheint. Sie erzeugen eine Komplexität, der wir uns in allen Lebensbereichen zu stellen haben.

Risiken machen wach und schaffen Raum
Entsprechend kommt Komplexität im privaten Leben ebenso vor wie im Beruf. In allen relevanten Bereichen unseres Daseins sind wir ständig konfrontiert mit herausfordernden Entscheidungssituationen, die wir als außerordentlich riskant erleben, weil die Antworten, die wir geben, weitreichende Konsequenzen für uns und für andere haben.
Vielfach werden Entscheidung und Risiko verwechselt, so als würden wir eine Entscheidung treffen und plötz-

lich ist ein Risiko da. Schauen wir genau hin: Wir wissen, dass Entscheidungen zu treffen sind – und das Risiko, das wir darin erkennen, liefert uns sowohl die Ernsthaftigkeit als auch den erforderlichen Spielraum, um die fällige Entscheidung kompetent vorzubereiten.

Keine Entscheidung ohne Risiko

Dennoch gehen viele angesichts der Vielzahl von Risiken in die Knie, treffen keine Entscheidungen, sitzen aus, halten aus, vermeiden. Damit vermeiden sie nicht das Risiko, sondern verhindern nur, selbst in die Verantwortung zu gehen. Kein Wunder, dass gerade in der Wirtschaft ein Heer von Beraterstäben zur Verfügung steht, um die Entscheidungsschwäche von Führungskräften zu kompensieren.

Und nicht nur die Wirtschaft erweist sich als schwach im Umgang mit Risiken. Ähnlich steht es auch im privaten Leben, in allen Lebenslagen und für alle Lebensfragen. Jeder Einzelne ist betroffen und gefordert, viele Entscheidungen geraten unter Generalverdacht als „Weichensteller" und wollen ab sofort langfristig gedacht werden.

Es beginnt bei Jugendlichen und der Frage nach der Berufswahl – „Wenn ich jetzt etwas falsch mache, muss ich später darunter leiden!" – und endet noch lange nicht bei der Frage, wann und wie eine Familie zu gründen ist. Kann ich die Verantwortung für Kinder jetzt übernehmen? Große Herausforderungen, starke Konsequenzen.

Und dennoch ist das Leben kein Hochsicherheitstrakt: Wer heute einen Beruf lernt, der kann später immer noch etwas anderes machen. Es muss nicht alles auf eine Frist von 40 oder 60 Jahren durchgedacht sein – häufig reicht es, wenn die Dinge jetzt richtig gut passen. Es ist meist richtiger, eine Entscheidung ganz verantwortungsbewusst zu treffen, als sie endlos lang hinauszuzögern, bis der Zug abgefahren ist.

Wo stehen Sie auf einer Skala von 1 (sehr risikofreudig) bis 100 (gar nicht risikofreudig) hinsichtlich:
- Partnerschaft und Beziehung ....
- Familie und Freunde ....
- Arbeit und Beruf/Ausbildung ....
- Freizeit und Hobby ....
- Noble Goal/Gesellschaftliche Engagements ....

Sind Sie mit Ihren Antworten zufrieden? Notieren Sie bitte, wo Sie einen anderen Wert sehen möchten.

30

Die Innovationssprünge zum Beispiel in der Technik verändern unsere Gesellschaft. Komplexität und Dynamik haben sich erhöht, sodass wir mit ganz neuen und bislang unbekannten Risiken konfrontiert sind. Wir müssen gleichzeitig aufhören, uns in Perfektion zu üben: Es darf auch Entscheidungen geben, die nicht für ein Leben halten.

1.3 Gefahr oder Risiko?

Eine Gefahr bezeichnet eine akute Notsituation. Wenn ein Unglück geschieht, sprechen wir von einer Gefahrenlage. Und wir reagieren schlagartig: Wir sehen das Kind auf die Straße laufen, springen blitzschnell hinzu, packen es oder halten den Verkehr auf – wir tun blindlings genau das, was uns spontan einfällt. Und damit sind wir mehr oder weniger erfolgreich.

Gefahr heißt: sofort handeln!

Angesichts einer Gefahr kommen unsere Impulse und Instinkte zum Tragen, ein reflexhaftes Verhalten, das uns unter der Einwirkung von Adrenalin zur Verfügung steht. „Machen" ist hier eine angemessene Reaktion; manche Menschen werden in solchen Notsituationen zu wahren Helden.

Risiken liefern Entscheidungsraum

Was ist anders beim Risiko? Ein Risiko muss nicht eintreten, kann aber; es ist dementsprechend etwas, das einerseits über uns schwebt wie ein Damoklesschwert, aber andererseits auch durch Vorsorge zu beherrschen ist. So geht es uns mit dem Regenwetter. Es muss nicht regnen, kann aber – und deshalb haben viele Menschen einen Schirm ständig parat.
Risiken liefern uns Entscheidungs- und Handlungsspielraum. Wir können uns angesichts der Wettervorhersage oder mit einem Blick in den Himmel entschlie-

ßen, eine Jacke einzupacken oder auch nicht. Das haben wir schon als Kinder gelernt und so haben wir einen ganzen Fundus von alltagstauglichen, erprobten Strategien im Gepäck.

Mit Konsequenzen rechnen

Natürlich können wir Geld hochriskant oder risikoarm anlegen. Beides hat Konsequenzen. Bei der hochriskanten Anlage sollten wir bereit sein, auf das Geld im Ernstfall zu verzichten. Bei der risikoarmen Anlage dürfen wir nur mit niedrigen Zinsen rechnen. Dazwischen existiert eine große Bandbreite von unterschiedlich riskanten Geldanlagen; das heißt, es besteht die realistische Möglichkeit, eine Lösung zu finden, die genau zu jedem Einzelnen und seinem Umgang mit Geld passt. Aber nicht, ohne hinzuschauen!

Wer Themen vermeiden will, entscheidet sich deshalb oftmals für das „Machen", wie wir es von der Gefahr kennen. Er nutzt den vorhandenen Entscheidungsspielraum nicht, sondern handelt frei nach der Devise: Bloß nicht groß nachdenken, sondern Augen zu und durch – wird schon gut gehen! Dieses Verhalten kommt ausgesprochen häufig vor und zeigt vor allem eines: Menschen nutzen die Möglichkeiten nicht, die Risiken, mit denen sie es zu tun haben, angemessen zu behandeln.

Verantwortung statt „Machen"

Dabei bekommen wir genau diesen Entscheidungsspielraum zu jedem Risiko frei Haus mitgeliefert. Heißt:

Wer das Risiko ernst nimmt und sich damit befasst, macht einen wichtigen Schritt in Richtung Verantwortung. Genau hinsehen ist die relevante Haltung, die es uns ermöglicht, Entscheidungen zu treffen und mit ihren Folgen zu leben – nur so können wir mit der Situation, ihren Konsequenzen und den wirksamen Dynamiken angemessen umgehen.

Wie ist Ihr eigener Umgang mit Risiken? Schauen Sie genau hin oder gibt es Bereiche, wo Sie doch lieber nicht so genau wissen wollen, welche Konsequenzen das haben kann? Sind Sie – in bestimmten Situationen – ein Macher, eine Macherin?

1. Was waren die letzten drei riskanten Entscheidungen in Ihrem Leben?

   1._____

   2._____

   3._____

2. Wie haben Sie sich verhalten? Wann waren Sie ...
   A. Macher oder Macherin?

   _____

   B. unentschieden und haben die Entscheidung verschoben?

   _____

   C. verantwortungsbewusst und klug?

   _____

Sind Sie mit dem Ergebnis zufrieden?

30 *Gefahren erfordern das sofortige „Machen". Risiken eröffnen Handlungs- und Entscheidungsspielräume. Wir sind uns der Konsequenzen unseres Handelns bewusst und übernehmen dafür die Verantwortung.*

1.4 Heldentum und Funktionieren

Vielfach wollen wir beides: kein Risiko eingehen beim Geldanlegen und doch die hohen Zinsen kassieren. Keine Verantwortung für die Familie übernehmen, aber gerne Kinder haben. Was für Reaktionsmuster liefert uns die Gesellschaft angesichts eines solchen Dilemmas? Akzeptiert und uns allen vertraut sind zwei Muster: das Heldentum und das Funktionieren.

Wir sind dem Helden schon angesichts von Gefahren begegnet: In Notsituationen ist Heldentum wunderbar – der Ball springt auf die Straße, das Kind springt hinterher und in der gleichen Sekunde reagiert ein beherzter Passant. Chapeau! Er hat entschlossen gerettet und würde möglicherweise sogar von sich selbst sagen: Das war doch selbstverständlich! Ich habe einfach nur funktioniert.

Bewältigung von Notsituationen

Viele Alltagshelden erleben sich in der Notlage eher so, dass sie funktionieren. Heldentum wie auch das Muster des Funktionierens haben in der Not Ursprung und

Berechtigung: Wer sich schon einmal auf einer Bergwanderung verschätzt hat, sich mutlos und völlig er-
schöpft voranquälte, bereit aufzugeben, stellte gerade
dann fest, dass noch was geht. Die Beine tragen uns wie
von selbst, laufen mit uns weiter und wir stehen plötz-
lich vor dem Schutzhäuschen.

Woher kennen Sie in Ihrem Leben diese Reaktionsmuster? Bitte erinnern Sie sich:
In welcher Notsituation …
• waren Sie Held oder Heldin?

_____

_____

_____

• haben Sie schon einmal ganz automatisch und gut
  funktioniert?

_____

_____

_____

Überlebensstrategien sind reflexhaft

Funktionieren und Heldentum haben also ihre Berechtigung und ihren Sinn. Aber sie sind als Überlebensstrategien auch reflexhaft und beschränkt – und nutzen
natürlich nicht unser gesamtes Potenzial.
Das gefällt vor allem in der Wirtschaft nicht mehr: So
wollen Unternehmen einerseits keine „Funktionierer"
mehr als Mitarbeiter, sondern suchen Menschen, die
wie Unternehmer handeln. Funktionierer in den Unternehmen andererseits beklagen zunehmend die Ent-

scheidungsschwäche und das Beharrungsvermögen der Führungsebene und suchen nach Helden. Hier baut sich im System ein Druck auf, der von allen eines fordert: die Übernahme von Verantwortung durch jeden Einzelnen.

Beliebte Vermeidungsstrategien

Zum erfolgreichen Funktionieren gehört ein ganzes Arsenal von Vermeidungsstrategien. Sie variieren zwischen „so tun als ob" bis hin zur „Vogel-Strauß-Politik". Vielleicht kennen Sie das von sich selbst: Gehören Sie zum Beispiel auch zu denen, die vor einer Prüfung zunächst einmal die ganze Wohnung putzen und auch noch die Gardinen abnehmen – und erst dann die Bücher aufschlagen? So schaffen Sie sich den nötigen Druck, um anzufangen und auch durchzuhalten.

30 *Heldentum und Funktionieren sind reflexhaft und als Überlebensstrategien sinnvoll. Vermeidungsstrategien unterstützen das Funktionieren; das lässt sich aufbrechen, indem wir Verantwortung für uns und unser Verhalten übernehmen.*

1.5 Nie mehr ohne Emotionen!

Warum das alles? Warum nutzen wir Vermeidungsstrategien, warum angesichts von Risiken falsche Muster wie Heldentum oder Funktionieren? Weil beides uns dabei hilft, einen an sich gesunden, aber wenig geschätzten Mechanismus der Natur abzustellen. Dieser Mechanismus heißt Angst.

Gefühle stellen Gleichgewicht her

Angst ist gesellschaftlich nicht akzeptiert, wir wollen keine Angsthasen sein und tun unser Bestes, um Angst nicht zu spüren. In einer Gefahrensituation mag das kurzfristig hilfreich sein.

Nicht aber angesichts von Risiken. Hier läuft folgender Prozess ab: Das Gehirn gerät aus seinem Gleichgewicht, der sogenannten Homöostase. Dabei wird ein Gefühl erzeugt – quasi als Aufforderung an unser System, das ursprüngliche Gleichgewicht wieder herzustellen. Eigentlich alles ganz konsequent, logisch und vernünftig. Das bedeutet zweierlei:

1. Jedes Risiko löst ein Gefühl aus und ist also emotional begründet. Deshalb finden wir sehr unterschiedliche Dinge riskant.
2. In genau dem Gefühl, mit dem wir auf ein Risiko reagieren, liegt der Schlüssel zur Situation.

Konkreter: Wer diesen natürlichen Kreislauf akzeptiert, findet selbst in unliebsamen Gefühlen einen Sinn. Denn was heißt das anderes als das: Unsere Gefühle, ob positiv oder negativ, liefern uns eine Orientierung, wie es uns wirklich geht mit der Situation. Zu diesen Gefühlen gehört natürlich auch die Angst. Sie hilft uns also aus der Situation heraus, obwohl wir sie außerordentlich ungern spüren.

Angst orientiert uns

Es gibt viele Bedenken in Sachen Angst. Sie kann uns lähmen und uns handlungsunfähig machen – angesichts von Gefahr wäre das nicht besonders tapfer. Angesichts von riskanten Situationen aber könnte eine solche Lähmung erst mal klug sein: Angst stoppt uns, bremst uns aus unserem alltäglichen Erleben aus und zeigt uns, wo die wirklich wichtigen Themen liegen.

Was genau ist zu tun mit Angst und anderen Gefühlen, um sie nutzen zu können? Ein probater Kreislauf sähe wie folgt aus:

1. Wir stehen vor einer riskanten Situation.
2. Wir lassen unser Gefühl zu.
3. Wir schauen, welche Botschaft für uns darin steckt.
4. Wir handeln entsprechend.
5. Unser System findet zurück in sein Gleichgewicht.

Was aber geschieht stattdessen? Die meisten Menschen spalten ihre Gefühle ab, statt sie anzuschauen und zu nutzen. Natürlich wurde das kollektiv erlernt – eine Nation, die so häufig Krieg geführt hat wie die unsrige, profitiert natürlich von einer hohen Professionalität im Abspalten von Angst.

Aber auch heute geht dieses Abspalten weiter: Wer in seiner Kindheit und Jugend Gewalt und Missbrauch erlebt hat, hat oft ebenfalls das Funktionieren in überfordernden Situationen erlernt und blendet hier Angst auch als Erwachsener eher aus.

Ein neuer Zugang zur Angst

Wie könnte ein neuer Zugang zur Angst aussehen? Ein Vorschlag dazu lautet etwa: Begreifen Sie Risiken und die dazugehörende Angst als zentralen Motor der Evolution, der uns befähigt, zu wachsen, uns zu verändern und zugleich stark und überlebensfähig zu sein. Wenn Angst aufgewertet wird und als „Enabler" verstanden werden kann, dann ist es bis zum „Selberfühlen" nur noch ein kleiner Schritt.

Die Rationalität der Emotionen

Nach den aktuellen Erkenntnissen der Neurobiologen sind also Gefühle die absolut angemessenen Mittel, um unser Gehirn wieder ins Gleichgewicht und uns wieder in den Normalzustand zu bringen. Das hört sich doch sinnvoll an. Könnte das auch rational sein?

Mein Plädoyer an dieser Stelle: Ja. Emotionen sind absolut rational, wenn auch nicht im normativen Sinne: Rational war bislang (im normativen Sinne) das, was durch die Ratio erzeugt wurde. Ich schlage vor, auch das situativ absolut angemessene Tun als rational im beschreibenden (also deskriptiven) Sinne anzuerkennen.

Wenn auch das „angemessene Tun" rational ist, bedeutet das: Wir akzeptieren ab sofort einen großen Teil der in uns liegenden Fähigkeiten als relevant. Was für ein Gewinn! So integrieren wir unsere Ressourcen, statt sie abzuwerten oder auszuklammern.

Stellen Sie sich kurz vor, der Mensch sei ein Produkt. Jahrtausendelange Produktoptimierungen haben dazu geführt, dass das vorhandene Repertoire valide arbeitet. Wir nutzen es sowieso, auch wenn wir es nicht achten. Wir dürfen es auch achten.

Welche Gefühle sind Ihnen vertraut? Bitte nennen Sie so viele wie möglich:

_____
_____
_____

Mit wem sprechen Sie über diese Gefühle? Wie machen Sie das?

_____
_____
_____

Kennen Sie Angst? Wie spüren Sie Angst? Wie verhalten Sie sich dann?

_____
_____
_____

Generell wissen wir über Risiken und unseren erfolgreichen Umgang mit ihnen Folgendes:
- *Sie basieren auf der aktuellen Komplexität und Dynamik unseres Lebens.*
- *Sie sind an sich positiv, denn sie öffnen den nötigen Raum für eine kompetente Vorbereitung der anstehenden Entscheidungen und bringen uns in Verantwortung.*
- *Wir können unseren Entscheidungsraum nutzen und dafür auf unsere inneren Ressourcen*

1. Risiken behindern den Erfolg

zugreifen. Das hält uns selbstbestimmt und in der Gegenwart.

- Heldentum und Funktionieren dagegen gehören zur Bewältigung von Notsituationen und verhindern es, verantwortungsvoll zu reagieren und die eigenen Gefühle zu spüren.

- Angst orientiert uns.

- Risiken bieten Anlass für handlungsleitende Gefühle. Risikointelligenz erlaubt es, diese Gefühle zurückzuholen in unseren Alltag und ihre Lösungsqualität für das anstehende Risiko zu nutzen.

- Gefühle sind dabei durchaus rational. Denn angesichts von Risiken geben sie uns die einzigen sinnvollen Hinweise, um erfolgreich und angemessen zu handeln.

30 MINUTEN

2. Realität liefert unsere Basis

Als Kind war ich fasziniert davon, dass mein Vater alles immer ganz genau wusste. Ähnlich ging es mir in der Schule. Beide vermittelten mir die Idee, es gäbe eine objektive Wirklichkeit, zu der sie einen Zugang haben, wenn nicht sogar die Deutungshoheit.

Das Konzept ist bekannt. Wir lernen von den Älteren, beginnen mit ihren Konzepten und Gewissheiten, um dann im Abgleich mit der Realität festzustellen: Die Dinge haben sich geändert. Oder besser gesagt: Meist ist es unser Blick, der sich geändert hat.

So zeigt sich Reife: Wir werfen alte Gewissheiten nach und nach über Bord, weil sie der Wirklichkeit und unserer geschärften Wahrnehmung heute nicht mehr standhalten. Dazu aber gehört es, diesen Abgleich auch vorzunehmen. Wer kann schon aus dem Stand unterscheiden, was tradiertes Wissen ist und ob das dem eigenen Erfahrungswissen in dieser oder jener Sache standhält? Solche Erkenntnisse brauchen Raum und Bewusstheit.

2.1 Verschiedene Wirklichkeiten

Das letzte Jahrhundert lieferte uns neben vielen anderen Fakten auch das Ende objektiver Gewissheit. Ab Mitte der 1980er-Jahre bahnten sich Wissenschaftler aller Disziplinen verschiedenste Wege für einen grundlegenden Umbruch unseres Weltbilds: Der radikale Konstruktivismus trat seinen Siegeszug von Südamerika aus an mit den Naturwissenschaftlern Maturana und Varela. Etwa zur gleichen Zeit entwickelte Luhmann in Bielefeld seine Systemtheorie; in der Therapie setzten sich die Ideen von Familiensystemen zunehmend durch und in dieser Gemengelage begannen die feinen Beratungsfirmen der Welt das systemische Denken durchzudeklinieren und für die Wirtschaft fit zu machen. Das Ende des mechanistischen Weltbilds schien gekommen.

Das mechanistische Weltbild

Dieses alte Weltbild basiert auf Objektivität und der Annahme, es gäbe eine Wahrheit und unveränderliche Gesetze. Wer im Besitz von Objektivität, Wahrheit und Gesetzeskraft ist, der urteilt entsprechend über richtig und falsch, über schuldig und unschuldig. Die Begründungen dazu werden über Kausalketten geführt, sind linear und beziehen sich auf harte Fakten sowie rationale Beziehungen zwischen Elementen oder Menschen. Zum mechanistischen Weltbild gehören Autorität, Manipulation, Befehle und andere Methoden, die auf Instruktion basieren und auf Druck reagieren.

Ein solches Weltbild kritisieren wir heute als patriarchal, manchmal auch als konservativ, als ein „Nachkriegsmodell", immer aber als für uns und die Herausforderungen des 21. Jahrhunderts untauglich.

Das systemische Weltbild

Das neue Weltbild dagegen geht davon aus, dass jeder Mensch seine Wirklichkeit und seine Welt konstruiert. Deshalb sprechen wir in diesem Zusammenhang von subjektiver Wirklichkeit und von vielen Wahrheiten. Sie wissen, was individuell für Sie richtig ist – und ich weiß das für mich. Für den jeweils anderen können wir das kaum entscheiden, wir können bestenfalls abwägen oder dies miteinander besprechen.

An die Stelle von Gewissheit tritt Kontextorientierung, an die Stelle von Kausalität (warum ist etwas passiert?) tritt finales Denken: Wohin führt mein Handeln?

Veränderter Umgang mit Menschen

Selbstorganisation und Selbststeuerung sind tragende Säulen nicht nur in Sachen Menschenführung. Zusammenhänge erkennen wir durch Feedback oder durch Beobachtung der Vielfalt von Wechselwirkungen. Widersprüche sind interessant und werden integriert statt abgewertet oder ausgeschlossen.

Eine Vielfalt von weniger „patriarchalen" Rollen erlaubt uns verschiedenartige Ebenen im Miteinander. Coach oder Impulsgeber eröffnen andere Optionen, neue Denkhorizonte und Chancen auf ein lebendiges Miteinander.

Dieses Miteinander wird aber oft genug zum Durcheinander. Hier helfen dann Entschleunigung und Strategien gemeinschaftlicher Prozesse, die aber noch nicht besonders bekannt sind. So fallen wir immer wieder zurück auf das Bedürfnis nach Gewissheit.

Wo stehen Sie in Sachen Weltbild?

Mechanistisch	+	0	+	Systemisch
Wenn einer blöd handelt, dann ist er es auch.				Wenn einer blöd handelt, kann das mehrere Gründe haben.
Mutter weiß am besten, was gut für mich ist.				Was gut für mich ist, verändert sich immer wieder.
Ich kann immer erklären, warum ich etwas getan habe.				Ich überlege meistens, wohin das führt, was ich tue.
Ich bin gern Macher und habe keine Angst vor Macht.				Ich sehe mich als Coach meiner Mitarbeiter, kann andere begeistern.
Wenn ich mich unter Druck setze, bin ich oft sehr effizient.				Indem ich eine gute Umgebung für mich schaffe, bin ich schnell produktiv.

Gefällt Ihnen, was Sie geantwortet haben? Wenn nicht, nennen Sie hier einen ersten Schritt:

_____
_____
_____

Das Ende des alten mechanistischen Weltbilds ist seit Mitte der 1980er-Jahre erreicht. Ein neues systemisches Weltbild, das den Entwicklungen des letzten Jahrhunderts gerecht wird und uns als Menschen ebenfalls, ist jedoch noch nicht integriert. Oft genug kämpfen in uns beide Welten um die Oberhand.

2.2 Realität vs. Illusion

Wir tun uns schwer, sei es in unserer Art, Hypothesen zu bilden, sei es im täglichen sozialen Leben gemäß dem systemischen Weltbild zu denken und handeln.

Vokabeln ohne Inhalt

Einige von uns aber scheinen den Wandel ganz ohne jedes Problem zu vollziehen. Sie benutzen in Führungsleitlinien, bei Vorträgen, in Talkshows ganz selbstverständlich die systemischen Vokabeln.

Trifft man auf die gleichen Menschen in ihrem Alltag, stellt sich schnell heraus, dass es beim reinen Reden bleibt: „They can read the notes, but can't play music." Vergessen wir nicht, dass die Vorstände und die Führungskräfte auf den Topebenen am meisten zu verlieren haben; ein beharrliches Klammern am Alten und gleichzeitig Mitreden beim Neuen liefert dann eine recht pragmatische Lösung.

Die Illusion von Leadership

Wir haben es hier mit einer Illusion zu tun. Die einen denken, sie seien aufgrund ihrer klugen Konzepte und ihres neuen Verständnisses von Systemen gute Führungskräfte, die Mitarbeiter erleben, dass Worte allein keine Veränderung im Führungsalltag bringen.

Die richtigen Worte und die richtigen Konzepte werden durchaus gepredigt, aber sie halten dem Alltag nicht stand – sicher einerseits weil ihre Umsetzung sich nicht auf Bonuszahlungen oder Aufstieg auswirkt, andererseits weil sie in einer bekannten Falle gefangen sind.

„Mehr vom Falschen"

Dabei handelt es sich um einen beliebten Management-Fehler. Menschen verstärken oder wiederholen ständig ein Verhalten, das sie und andere schädigt, leiden auch mehr oder weniger darunter – und versuchen es doch immer wieder, mit vermehrter Kraft erneut.

Stellen Sie sich vor, Sie fahren im ersten Gang ein Auto an. Sie geben immer mehr Gas, aber statt guter Leistungen erzielen Sie einen Höllenlärm. Der Motor jault, Ihr Wagen kommt nicht auf Touren. Mehr Gas ist hier die falsche Lösung. Was wäre richtig? Kuppeln, schalten und dann im nächsten Gang mehr Gas geben.

In vielen Unternehmen wird ständig Gas gegeben, nie gekuppelt. Hier werden neue Leadership-Konzepte gepredigt, Führungsleitlinien geschrieben, mit Werten gespickte Claims unter großer Vorstandspräsenz verabschiedet – weil die Wirkung vorhersehbar gut ist.

Der richtige Schritt wäre es jetzt, nach den Reden und Hochglanzbroschüren den Modus zu wechseln, zu kuppeln. Im Management hieße das, aus dem Reden in die Umsetzung gehen, Menschen führen statt von Führung reden. Das aber geschieht selten.

Umsetzungs-, nicht Erkenntnisproblem

Stattdessen werden immer neue Konzepte aufgerufen, ohne dass die Führungskräfte ihr Verhalten ändern. Sie ändern oft nur die Vokabeln.

Viele Topmanager können mit den neuen Konzepten nichts Konkretes anfangen. Und sie werden auch nicht daran gemessen, ob und wie sie es können. Was ist los? Wir haben doch an sich alle wichtigen Dinge verstanden, wenn es um Führung geht – um Führung von uns und anderen, sei es in Familien, sei es in Unternehmen. Das Problem ist die Umsetzung.

Das Ende der Kontrolle

Systemische Führung heißt, Menschen Raum und Orientierung zu geben, also Entwicklung zuzulassen. Das bedeutet, auf Kontrolle zu verzichten – Kontrolle, die üblicherweise über Druck, über Beschämung und Scham aufgebaut wird. Mit Druck gibt es keinen offenen Raum für Entwicklung. Wie soll man aber ohne Druck führen? Das fällt vielen Menschen schwer, sei es bei ihren Kindern oder bei ihren Mitarbeitern.

„Dünger fürs Gehirn"

Kontrolle bewegt Menschen nicht dazu, das Richtige zu machen. Im Gegenteil: Neurobiologen haben festgestellt, dass wir für Veränderungen und fürs Lernen die Autobahnen im Gehirn aktivieren müssen. „Autobahnen" nennt etwa Gerald Hüther unsere Fähigkeiten, zu lernen und zu begreifen. Mit hohem Tempo funktioniert das, wenn unser Gehirn „gedüngt" wird, und der beste Dünger ist Begeisterung.

Die richtigen Fehler machen

Wer seine fachlich gut qualifizierten Mitarbeiter als Führungskraft halten und für ihre Arbeit begeistern will, der ist gut beraten mit der Idee von einem Entwicklungsraum, mit einem Konzept von Fehlerfreundlichkeit, wie es das systemische Denken vormacht.

Für die Führungskräfte heißt es also auch: Lernen! Es geht darum, die eigenen Fähigkeiten im Miteinander jenseits von Druck, von Machtausübung zu erweitern. Trainings und Coachings sind Gebot der Stunde, ohne psychologisch-fachliche Begleitung läuft eine solche Entwicklung nicht, die schließlich auf eine Transformation der überholten Konzepte hinausläuft.

Wo stehen Sie mit Ihrer Erkenntnis und Umsetzung? Wo sind Sie eher: in der Theorie (noch beim Reden), schon auf dem Weg ins Handeln oder sogar in der Praxis angekommen?

	In der Theorie	In der Praxis	Von beidem etwas
Das, was unsere Gesellschaft am meisten braucht, ist: _____ Hier bin ich aktiv, und zwar eher …			
Ich kann meinen Vorgesetzten sehr gut kritisieren, wenn ich mit anderen über ihn spreche. Die Kritik an ihn weiterzugeben, da bin ich gut …			
Wenn ich unter Druck gerate, dann erhöhe ich meist den Druck auf mich. Andere Lösungen, die funktionieren, kenne ich eher …			
Ich begreife mich als Coach meiner Mitarbeiter, aber bin nicht erfolgreich. Coaching kenne ich auch eher …			

Gibt es eine Sache, bei der Sie schnell und ohne Aufwand zulegen könnten? Welche? Und was wäre dafür zu tun?

_____

_____

_____

In den Unternehmen leben viele Führungskräfte einerseits das mechanistische Weltbild, reden aber aus ganz soliden Marketinggründen bei Mit-

arbeitern und Aktionären von neuen, systemischen Konzepten. Das Ergebnis ist, dass ein Großteil der Führungsarbeit eine reine Illusion ist und den Beteiligten nicht klar wird, dass die gepredigte Art von Miteinander nicht der Realität entspricht.

2.3 Von der Polarität zur Dynamik

Gab es im alten Weltbild noch richtig und falsch, haben wir es wie bereits erwähnt in unserer Gegenwart eher mit einem „individuell richtig" oder „individuell falsch" zu tun. Es geht um situative Lösungen, die von Personen und den Situationen, in denen sie sich wiederfinden, abhängig sind.

Quantität als Auslaufmodell

Zum Weltbild des Industriezeitalters gehört natürlich nichts so sehr wie die Ausbeutung von Ressourcen. Was assoziieren Sie mit dem Ruhrgebiet? Harte Bergleute, die der Mine alles abtrotzten, auch unter Einsatz der eigenen Gesundheit, des eigenen Lebens. Damals waren Maschinen teuer, die menschliche Arbeitskraft dagegen preiswert und schier endlos nachwachsend; kein Wunder also, dass „Sachen" wichtiger waren als „Menschen".

Ob in Ost oder West, ob als Held der Arbeit oder als menschlicher Motor: Damals waren Förder- oder Produktionsmengen der feste Gradmesser von beruflichem Erfolg.

Heute geht es immer noch hier und da um Produktion, aber immer öfter um Innovation, also um die Qualität von kreativen Gedanken und Konzepten, die passgenau diese Welt verändern.

Schädliche Einseitigkeit

Es ist schwierig, diesen Wandel zu erkennen, aber noch viel schwieriger, mit ihm mitzugehen. Deshalb wird heute in allen Veränderungsprozessen denen Rechnung getragen, die Altes bewahren wollen, ebenso wie denen, die verändern und innovieren wollen. Unsere Wirtschaft braucht beide Ausprägungen, beide Qualitäten. Jede Einseitigkeit erweist sich als zu kurz gegriffen und als schädlich.

Wir haben es nicht nur mit Schwarz oder Weiß zu tun, sondern mit einer großen Palette von Farben. Wenn wir uns diese Farben in unsere Arbeitswelt zurückholen wollen, dann bedeutet das, die Einseitigkeit aufzugeben, die allerdings gut verankert ist – in der Mitte unserer Gesellschaft.

Qualität ist heute oft genauso wichtig, vielfach wichtiger als Quantität. Während Quantität die Menge einer Sache in den Vordergrund stellt, bemisst Qualität die Inhalte. Immer dann, wenn wir von Innovation und Kreativität sprechen, geht es zwangsläufig um qualitative Konzepte, die sich aber nicht mit quantitativen Methoden bewerten lassen.

2.4 Sucht und Suche

Einseitigkeit ist gesellschaftlich gut und tief verankert, ebenso wie Sucht. Unter Sucht verstehe ich jede Dynamik, die Menschen von der Realität abhält und sie stattdessen mit Nebenschauplätzen und Illusionen beschäftigt. Ob die Beschaffung von Alkohol oder der Zwang, über das normale Maß hinaus „arbeiten zu müssen", es geht mir um einen Prozess, der von einem freien, vitalen Leben abhält.

Hinter Sucht steht vielfach eine Suche: die Suche nach gelungenen Beziehungen – zu sich selbst, zu Menschen, die man lieben kann, zu seinem Umfeld. Diese Suche ist uns in der Industriegesellschaft abhandengekommen bzw. wurde so verkürzt, dass wir es heute mit vielen gesellschaftlich akzeptierten Suchtstrukturen zu tun haben, die hartnäckig den Blick dafür versperren, was wirklich wesentlich für das eigene Leben ist.

Finden statt suchen

Dabei gibt es zu jeder Sucht eine zutiefst passende Lösung, die den unstillbar scheinenden Hunger stillt. Es gilt, das Energie fressende süchtige Verhalten zu wandeln in ein Energie gebendes, freies Tun.

Kompensation frisst Kraft und Energie und hält ab von dem, um was es tatsächlich geht. Handlungsleitende Fragen wären etwa: Was kompensiere ich? Welche Blockade erlebe ich? Wer das Thema hinter dem Suchtmechanismus trifft, der befreit sich und gewinnt Vitalität.

Gleichzeitig respektieren wir mit einem solchen Finden unsere eigene Komplexität. Wir sind eben nicht trivial, wir sind keine lebenden Maschinen – im Gegenteil, wir sind innerlich differenziert, sind un- und unterbewussten Dynamiken ausgesetzt und aufgefordert, diese immer wieder und aufs Neue mit unserem bewussten, alltäglichen Leben in Einklang zu bringen.

Sucht erleichtert Konsum

Wer süchtig ist, der tut sich schwer mit der Realität. Meist steht die Beschaffung des Suchtmittels im Vordergrund, die einhergeht mit einem Verlust an Verantwortung – für das eigene Leben wie für andere. Alle, die in dysfunktionalen Familien groß geworden sind, werden das bitter erfahren haben. Und vielleicht heute ebenfalls praktizieren, nolens volens.

Zur Sucht gehört auch der Konsum: Wer nicht genau weiß, was ihm guttut, der wird sich Ideen woanders holen müssen. Konsum ist die wirtschaftlich hochgerüstete und unsinnige Antwort auf unsere ganz persönlichen Fragen, auf einfache und komplexe Fragen zwischen „Was mach ich heute Abend?" und „Was gibt meinem Leben Sinn?". Im Außen, im Fernsehen, im Kaufhaus oder in der Werbung werden wir kaum die relevanten Antworten darauf finden.

Vertraute Muster überwinden

Ob wir auf Polarität und die damit verbundene Einseitigkeit schauen oder auf Suchtstrukturen aller Art – immer haben wir es mit gesellschaftlich akzeptierten

Mustern zu tun. Diese machen es dem Einzelnen nicht leicht, sie zu durchbrechen, um dann einen eigenständigen Weg zu gehen, seinen eigenen Lebensprozess aktiv zu gestalten und verantwortungsvoll zu prägen. Im Gegenteil: Aus den alten Mustern ausbrechen bedeutet auch immer wieder, Neuland zu betreten, sich neu zu orientieren, am Ende sogar: sich neu zu erfinden, um schließlich ganz mit sich identisch zu werden.

Gibt es Suchtmechanismen in Ihrem eigenen Leben? Wo kompensieren Sie und wo ist es an der Zeit, die Fragen dahinter zu beantworten?

1. Es gibt Substanzen (Lebensmittel, Genussmittel, aber auch Klebstoff etc.), von denen fühle ich mich abhängig, und zwar:

   _____

   _____

   _____

2. Prozesse, um sich besser zu fühlen, können z. B. sein: sich Sorgen machen, joggen, recht haben oder etwas besser wissen. Meine bevorzugten Prozesse, um mich gut zu fühlen, sind:

   _____

   _____

   _____

3. Was davon stört Sie am meisten?

   _____

   _____

   _____

2. Realität liefert unsere Basis

Was könnte ein guter erster Schritt aus dieser Abhängigkeit sein, hin zu einer Auflösung des Themas dahinter?

_____

_____

_____

Das polare Denken fördert Suchtstrukturen. Süchte halten uns ab von der Teilhabe an einem erfüllenden Leben; sie verbrauchen Energie und liefern keine Substanz nach. Gleichzeitig können sie uns den Weg zeigen, welche Blockaden es zu überwinden gilt und wo ein Energie gebendes, gutes Leben für jeden individuell zu finden ist.

30

2.5 Balance im eigenen System

Wer aus einer Welt kommt, in der Sachen wichtiger sind als Menschen, in der Sucht Vorrang hat vor den realen Prozessen des Lebens, der hat oftmals das Gefühl, durch ein dunkles Tal zu wandern – und hofft auf den Aufstieg in sonnige Berghöhen, wenn er denn nur hart genug arbeitet.

Auch hier greift wieder das quantitative Denken: Es geht in unserem Leben nicht um „genug Leistung", sondern es geht im Gegenteil darum, dem eigenen Lebensprozess auf der Spur und treu zu bleiben.

Balance statt Leistung

Wer sich selbst treu bleibt, der wird nicht auf Quantität setzen und nicht an tiefe Täler denken, sondern eher ein anderes Bild pflegen und zum Beispiel das Leben als eine Gratwanderung begreifen: Wir könnten in der Tat jederzeit abstürzen, sobald wir uns nicht im Hier und Jetzt mit der Realität befassen, sondern Träumen oder Illusionen nachhängen. Bleiben wir aber in der Gegenwart, wächst mit jedem Schritt unsere Erfahrung, wächst unsere Zuversicht und unser Vertrauen in die Zukunft – der Weg auf dem Grat wird immer breiter und komfortabler. Das ist zwar keine Garantie für gutes Wetter – aber für ein anregendes, lebendiges Leben.

Die eigene Dynamik akzeptieren

Wer es lernt, mehr und mehr für sein eigenes Leben einzutreten, der ist auch in der Lage, anderen als Vorbild zu dienen oder integer mit seinen Mitarbeitern oder Kollegen wesentliche Themen zu besprechen, ohne in die Muster von Polarität, Einseitigkeit, Sucht oder Quantität zu verfallen. Das Vertrauen in den eigenen Prozess macht uns frei – auch frei, damit wir uns auf gesunde Beziehungen einlassen können.

Sich auf den eigenen Lebensprozess einlassen heißt aber auch: sich auf eine Dynamik einlassen, die wir selbst nicht kontrollieren können. Sie ist am Werke, ob wir es wollen oder nicht – dann können wir uns doch auch gleich auf sie einlassen.

Es gibt keine absoluten Gewissheiten mehr. Statt mit einfachen Wahrheiten haben wir es mit Veränderungen auf vielen Ebenen zu tun. Das wird sichtbar an der Ablösung des mechanistischen Weltbilds durch ein systemisches Verständnis, das unser neues Bild prägt:

- *Das Leben ist differenzierter geworden, also anspruchsvoller. Einfache Lösungen sind oft „mehr vom Falschen".*
- *Wenn wir unsere innere Komplexität anerkennen und auch unsere Dynamiken akzeptieren, bringt uns das Fülle und Vielfalt ins Leben.*
- *Verstanden haben wir schon vieles, tun uns aber schwer damit, gemäß unserer Erkenntnisse zu handeln.*
- *Der Weg führt von der Quantität zur Qualität: Menschen sind wichtiger als Sachen.*
- *Die Balance zwischen „Bewahren" und „Verändern" fordert uns. Der (Lebens-)Weg ist mehrdimensional, ein ständiger Prozess.*
- *Einseitigkeit, Polarität, Konsum und Sucht sind gesellschaftlich akzeptierte Muster, die uns daran hindern, die Realität zu sehen.*
- *Nur ein realistischer Blick ermöglicht es uns, mit unseren eigenen Dynamiken verantwortungsvoll und zielgerichtet umzugehen.*

30 MINUTEN

3. Risikointelligenz als Turbo

Wir kennen alle das Bild vom Eisberg: Ca. 15 Prozent befinden sich über Wasser, die anderen 85 Prozent lauern unter Wasser. Dieses Bild lässt sich gut anwenden auf das, was wir bewusst von uns selbst wissen (ca. 15 Prozent), und das, was unbewusst und unterbewusst ebenfalls wirkt – von dem wir aber wenig oder gar nichts wissen, die geschätzten 85 Prozent.

Risikointelligenz heißt, um in diesem Bild zu bleiben, sich möglichst viel vom eigenen Eisberg zugänglich zu machen. Und das nicht als „L'Art pour l'Art" zu verstehen, nicht als Dienst an einem wie auch immer gearteten Ego, sondern ganz einfach als das Ziel, die in der eigenen Person steckenden Ressourcen voll zur Verfügung zu haben. Wer sich mit seinen eigenen Dynamiken und seiner eigenen Komplexität befasst, wird schnell merken, dass er sich auf seine inneren Ressourcen sehr gut verlassen kann und dass einige von ihnen wie ein Turbo wirken – absolut schnell und zuverlässig.

3.1 Kontakt zu uns selbst finden

Lassen Sie uns das Eisberg-Bild aufgreifen und schauen, was uns hilft, mit den unbekannten 85 Prozent in Kontakt zu kommen und damit in einen vertrauensvollen Kontakt mit uns bzw. zu uns selbst.
Wie packt man so etwas denn an? Müssen wir jetzt alle zur Analyse oder in eine Therapie, zumindest aber ins Coaching?

Deutschland und die Couch

Sicher nicht. Ohne Frage kann es in verschiedenen Lebenslagen sinnvoll sein, sich von einem Psychologen, einem Analytiker oder einem Therapeuten unterstützen zu lassen. Auch Coaching ist oft hilfreich, zur Klärung, als Sparring oder zur Selbstvergewisserung.
Diese personenzentrierten Beratungsformen sind immer dann kluge „Krücken" oder Begleitungen, wenn der Einzelne allein keinen Weg aus einer schwierigen Situation heraus findet, in Krisen also, bei Krankheiten – in den bekannten schweren Gewässern. Das kann recht nah am Alltag stattfinden: Unternehmer mit hohem Gesprächsbedarf etwa überfordern ihre Familien, wenn sie die Firmenthemen immer an den Esstisch tragen und dort kein Raum mehr für andere Familienthemen bleibt. Hier ist vermutlich jede Form von „Mikro-Consulting" entlastend.
Im Alltag ist solche Unterstützung oftmals nicht erforderlich. Hier würde es reichen, ab und an die Perspektive auf das eigene Tun zu wechseln – konkret geht es

darum, die Logik der eigenen Psyche zu verstehen, besser zu erfassen – neben der schon vertrauten Logik der eigenen Ratio. Es geht um ein neues Verständnis unserer inneren Psycho-Logik.

Bewusstheit aktiv herstellen

Bildlich gesprochen: Wir sollten aufhören, wie die Trüffelschweine durch Leben und Arbeit zu sausen, immer auf der Suche nach dem besten Trüffel an den verheißungsvollsten Eichen. Was aber dann? Bewusstheit heißt, uns stattdessen auf den nächsten Hügel zu setzen und zu betrachten, was wir da eigentlich tun. Machen wir die richtigen Dinge? Machen wir sie auf die richtige Art und Weise?

Das sind zwei zentrale Fragen, die uns – auf dem Berg sitzend – sehr gut Aufschluss geben könnten über das, was wir alltäglich beim Trüffelsuchen überhaupt machen. Suchen wir an Orten, wo es keine Trüffel gibt? Suchen wir an guten Orten? Brauchen wir noch Trüffel oder sind es jetzt doch eher Äpfel?

Der erste Schritt von Bewusstheit wäre genau dieser: das eigene Tun beobachten.

Selbstbeobachtung hilft

Wer Erfahrungen mit sich und seinen Gefühlen hat, kann den Ablauf von Gefühlen beobachten und zu interessanten Ergebnissen kommen. Wut beispielsweise läuft oftmals wie eine Welle ab; sie baut sich (bedrohlich) auf, bis sie bricht und dann am Strand verläuft.

Ganz am Ende, im Auslaufen und danach, stellt sich dann heraus, was wichtig ist: Die Lösung wird quasi mitgeliefert. Anders gesagt: Die Emotion, die wir beobachten können, gibt uns beim ruhigen Beobachten Auskunft über die Lösung des Problems: Was gilt es, in Zukunft zu vermeiden? Wem glauben wir ab sofort nicht mehr? Wem ist nicht zu trauen?

Selbstbeobachtung erfordert es, sich selbst die nötige Zeit zu lassen, und sie verlangt nach einer ruhigen Umgebung, die diese stille Arbeit ermöglicht. Meditation ist als ein fernöstlicher Ansatz ebenfalls hilfreich zur Selbstbeobachtung, aber sie zielt letztlich auf etwas anderes: auf Leere und Stille im Geist.

Wo stehen Sie in Sachen Selbstbeobachtung?

1. Ich bin intensiv in meine eigenen Angelegenheiten involviert – etwa wie viel Prozent meines Lebens?

_____

2. Ich steige immer wieder aus und beobachte, was ich tue, wie ich es tue und mit welchen Wirkungen. Dafür nutze ich x Prozent meiner Zeit:

_____

3. Wo und wann kann ich mich in Ruhe mit mir selbst befassen?

_____
_____
_____

4. Wer ist in meinem Leben wichtiger als ich selbst?

_____

_____

_____

Gefallen Ihnen Ihre Antworten? Wenn nicht, nehmen Sie sich Zeit und finden Sie Alternativen. Was wäre ein guter erster Schritt?

Bewusstheit entsteht durch Selbstbeobachtung. Hilfreich dafür sind Techniken der Reflexion, aber auch Meditation. Über Bewusstheit werden Prozesse und Hintergründe, Gefühle und alte Muster aus den unsichtbaren Bereichen des Lebens zugänglich.

3.2 Zentral: Reflexionsbereitschaft

Selbstbeobachtung wird auch als Reflexion bezeichnet. In der Philosophie stand der Begriff lange für das „Denken des Denkens", heute ist Reflexion über die philosophische Praxis hinausgewachsen und – zumindest in der Wirtschaft – alltagstauglich geworden.

Fähigkeit vs. Bereitschaft

So wird in den meisten großen Unternehmen von Managern erwartet, dass sie Feedback geben, aber auch annehmen und in der Lage sind, ihre eigenen Beobachtungen mit dem Feedback anderer abzugleichen. Das passiert auch.

Nach meiner Erfahrung aber ist diese Reflexion oftmals orientiert an äußeren Normen: Wie viel geben die anderen zu? Was ist in unserem Unternehmen quasi „State of the Art"? Manager nutzen die Angebote zur Reflexion eher dazu, sich an ihre „Vergleichsgruppe" anzupassen.

Es mangelt nicht an der Fähigkeit, sondern es gibt nur eine eingeschränkte Bereitschaft, sich wirklich auf eine Selbstbeobachtung einzulassen. Wer dagegen bereitwillig in die Reflexion einsteigt und sich dem Thema zunehmend öffnet, der verändert automatisch seinen inneren, aber auch seinen äußeren Spielraum.

Mehr von sich und anderen verstehen

Aber es geht bei der Reflexionsbereitschaft nicht nur um die Erweiterung des eigenen Handlungsraums, sondern auch darum, mehr von sich und anderen zu verstehen und so möglicherweise anders handeln zu können.

Ein Beispiel: Wenn es etwa um die Auflösung von süchtigem Verhalten geht, dann ist die Chance, eine andere Sicht der Dinge zu bekommen und sich anders, neu zu verhalten, die Möglichkeit, die dem Einzelnen mehr Energie für das eigene Leben zur Verfügung stellen kann.

Je größer die eigene Bereitschaft zur Reflexion, desto dichter und tiefer wird das Verständnis von sich selbst und anderen, von den Dynamiken, die in uns Menschen wirken, und von den Überraschungen, mit denen uns diese Dynamiken konfrontieren.

Die Fähigkeit zur Reflexion ist wichtig, noch wesentlicher aber die Bereitschaft dazu. Es geht dabei darum, sowohl den eigenen Handlungsspielraum zu erweitern als auch das Verständnis von uns und anderen zu vertiefen. So werden wir unserer und anderer Menschen Komplexität und der immer ablaufenden Dynamiken zunehmend gerechter.

3.3 Erfahrungswissen reloaded

Heute ist in den westlichen Gesellschaften das Erfahrungswissen gerade wieder im Kommen, nachdem es mit der Aufklärung quasi in die Esoterik-Ecke verbannt wurde. Es zählte in den letzten Jahrhunderten nur noch das wissenschaftlich erzeugte Wissen, von Forschern und Gelehrten an Hochschulen produziert. Das hat sich mittlerweile geändert; an Hochschulen mit Praxisausrichtung werden etwa praktische Erfahrungen systematisch erforscht.

Erfahrungsgebundenes Wissen
Dabei hat sich herausgestellt, dass es eine Art von Wissen gibt, das fix an menschliche Erfahrung gebunden

ist. Es lässt sich nicht aus einem Buch lernen, wie man Fahrrad fährt – und selbst wenn wir, mit dem Rad von Kindesbeinen an vertraut, eine mündliche Anleitung für einen Neuling geben sollen, dann ist das meist richtig mühsam. Kann man aber einmal Rad fahren, verlernt man es nicht mehr.

An Erfahrungen gebunden sind zum Beispiel auch das Pfeifen oder das Schwimmen. Wissenschaftlich gesehen ein echtes Rätsel ist ebenfalls Humor, von dem unbekannt ist, wie er entsteht, wie er erlernt werden könnte oder was ihn ermöglicht. Als letztes Beispiel sei darauf hingewiesen, dass noch niemand von der Lektüre eines Weinführers einen Rauschzustand erreicht hat.

Tacit knowledge

Die neuerliche Wertschätzung und damit die Ehrenrettung des Erfahrungswissens kam aus der Wirtschaft, wo sich herausstellte, dass menschliche Erfahrung zum Beispiel an Hochöfen nicht durch Computerprogramme ersetzt werden konnte. Hier erwies sich, dass die jahrelange Erfahrung der „alten Hasen" am Ofen zu einem optimalen und zuverlässigen Gebrauch führte, dieser aber nicht in einen Algorithmus und damit nicht in Software übersetzbar war.

Zeitgleich stellte sich heraus, dass in Unternehmen, die viel Veränderungsmanagement betreiben, typischerweise immer die jüngeren Leute die Veränderungen nach vorn brachten, die älteren, weniger veränderungsfreudigen aber das tiefe Wissen um bestimmte

Prozesse mitnahmen, wenn sie das Unternehmen verließen. Diesem kamen aber damit oft wettbewerbsrelevante Kernkompetenzen abhanden.

Wissensmanagement sieht die Relevanz

Auch in Deutschland bleiben der Umgang mit dem Wissensmanagement und die Diskussion darum zunehmend im Fokus der Aufmerksamkeit. Denn bei diesem „erfahrenen" Wissen geht es gerade nicht um hochstrukturierte Daten, die in Datenbanken speicherbar und mittels Software nutzbar sind, sondern um die wenig strukturierten Daten, die als Erzählungen und als „stilles Wissen" weitergegeben werden.

Absolute Zugriffsgeschwindigkeit

Was macht dieses Erfahrungswissen so attraktiv und besonders? Natürlich einerseits, dass es wenig strukturiert vorliegt – deshalb also nicht in Excel-Tabellen passt oder in Datenbanken –, und andererseits, dass es für den, der es erworben hat, absolut schnell verfügbar ist.

Wer Erfahrungswissen erwirbt, der weiß Dinge einfach – und auf diese Weise ähnelt das Erfahrungswissen dem Expertenwissen. Die Neurobiologen gehen davon aus, dass beide Sorten von Wissen auf kognitiven Schemata abgespeichert sind. Diese Schemata müssen nicht erst erdacht oder abgerufen werden, sondern stehen uns sofort und ohne Nachdenken zur Verfügung.

Das Wesentliche am Erfahrungs- wie am Expertenwissen ist der superschnelle Zugang. Menschen, die eine Expertise oder eine Erfahrung haben, müssen über bestimmte Dinge nicht nachdenken. Das Expertenwissen ist in Deutschland, dem Land der Ingenieure und Techniker, per se hoch angesehen. Jetzt erweisen wir dem Erfahrungswissen gleichen Respekt.

Erfahren, nicht erleben

Was genau ist nun eine Erfahrung? Einige Menschen meinen, sie hätten viel erlebt und also auch viel erfahren. Ein folgenschwerer Irrtum.

Wer etwas erlebt und das Erlebte nicht verarbeitet, das Erleben abschüttelt und weitergeht oder aber daraus Vermeidungsstrategien und Gewohnheiten entwickelt, der kommt keinesfalls zu einer Erfahrung.

Dazu gilt es, das Erlebte durchzuarbeiten. Konkret: das eigene Erleben ausführlich besprechen, sich damit ernsthaft beschäftigen, sei es am Abendbrottisch, sei es in der Therapie oder im Coaching. Erst solches Durcharbeiten macht aus dem Erlebten eine kognitiv abrufbare und für das Leben gelernte Erfahrung.

Hier liegt auch der zusätzliche Gewinn von allen Formen der personenzentrierten Beratung: Es wird nicht nur das Thema aufgearbeitet, sondern zugleich Erfahrungswissen generiert.

Überprüfen Sie Ihren Umgang mit Ihrem Erleben. Was bevorzugen Sie?

	+	0	+	
Wenn ich mich im Beruf aufgeregt habe, dann rege ich mich zu Hause nicht darüber auf. Darüber sprechen – das muss nicht sein.				Ich spreche zu Hause mit meinem Partner über Probleme im Beruf und auf der Arbeit, auch wenn das manchmal unsere Beziehung belastet.
Ich habe ein großes Expertenwissen in der Ausbildung/im Studium gesammelt, davon profitiere ich heute noch.				Ich habe eher Erfahrungswissen gesammelt, muss aber sagen, dass ich das bislang nicht so besonders wertvoll fand.
Ich habe jemanden, mit dem ich meine Probleme gut besprechen kann.				Wenn etwas in mir arbeitet, dann sehe ich zu, dass ich es mit Sport aus dem Kopf bekomme.

Auch hier wieder die Frage: Sind Sie einverstanden mit den Ergebnissen der Fragen? Wenn nicht, was möchten Sie ändern? Und was wäre der erste Schritt? Notieren Sie ihn hier:

_____

_____

_____

Erfahrungswissen erlebt eine neue Wertschätzung und erfährt zunehmend mehr Anerkennung ne-

ben dem an Universitäten erzeugten wissen-
schaftsbasierten Wissen. Manches Wissen gibt es
nur über unsere Erfahrung, andere Dinge liegen
nur als Geschichten oder persönliche Werte, meist
also als wenig strukturierte Daten vor und sind
deshalb nicht in Datenbanken verwertbar.

3.4 Komplexität reduzieren

Wer seine eigene Komplexität akzeptieren kann, der
steht längst nicht so ratlos vor der Komplexität der Welt
wie jemand, der darauf hofft, dass es die Weltformel gibt.
Heute ist die Suche nach ebendieser Weltformel von den
meisten Forschern für beendet erklärt worden.

Emergenz als großes Plus
Seit Mitte der 1990er-Jahre ist allgemein bekannt, dass
die Welt sich nicht durch die Reduktion auf die kleins-
ten Teile und deren Addition erklären lässt; Robert B.
Laughlin erhielt dafür einen Nobelpreis. Die Physiker
lernten von den Biologen, die es eben gerade mit nicht
statischen, sondern prozesshaften Elementen der Natur zu tun bekommen und die sich deshalb auf die Suche nach tragfähigen Konzepten machten – für dynami-
sche, komplexe und insgesamt unübersichtliche Beob-
achtungsgebiete.
Ein Ergebnis daraus fand Eingang in die Wissenschafts-
theorie: das Konzept der Emergenz. Emergenz be-

schreibt einen unerwarteten Zuwachs, ein unerwartetes Plus – anders gesagt: einen Effekt von 1+1=3.

Wie kann das aussehen? Einen solchen Effekt kennen wir aus Gruppendynamiken: Wenn aus der Gruppe ein Team wird, erhöhen sich sofort Produktivität und Kreativität. Emergenz ist das, was den Hefeteig der Mutter unterscheidet vom Hefeteig, den wir nur nachbacken und der leider immer etwas weniger richtig schmeckt. Das, was den Meisterkoch vom guten Koch trennt, liegt ebenfalls daran. Es sind die Geheimnisse des richtigen Moments, des individuellen Prozesses, die eine so außerordentliche Wirkung zeigen.

Statt Reduktion in die Einzelteile und Erklärung der Welt stellen die Naturwissenschaften also fest: Es gibt Phänomene, die uns mehr liefern, als wir bestellt haben. Hier ist, wer gibt das nicht gern zu, Komplexität einfach großartig.

Die schwierigen Seiten

Dennoch macht den meisten Menschen in vielen Situationen Komplexität eher Angst. Wir können oft heute nicht übersehen, was langfristig passiert, wenn wir jetzt A oder B wählen, und müssen dann doch mit den Konsequenzen leben.

Die Komplexitätstheorie, die sich aktuell aus den Naturwissenschaften heraus entwickelt, geht davon aus, dass komplexe Phänomene genau deswegen auch eine „besondere Behandlung" erforderlich machen. Sie sind, so der Vorschlag der Wissenschaftler, wie folgt zu behandeln:

- Sie sind differenziert zu betrachten,
- erfordern eine mehrstufige Beschreibung und
- eine jeweils angemessene Bearbeitung sowie
- die Auswahl und Diskussion einzelner Phänomene.

Ein Bienenstock etwa lässt sich nicht als Ganzes begreifen, aber wenn wir die Bienen betrachten, den Umgang mit Honig und die Aufzucht der Nachkommen, dann lässt sich bei aller Komplexität zu guten Erkenntnissen kommen. Faktisch bedeutet das, Komplexität fordert uns zu einem differenzierten, kritischen und einem die Phänomene selbst berücksichtigenden Blick auf.

Emotionen sind komplex

Die Komplexität unserer Emotionen hilft uns, ein Gefühl für die Komplexität unserer Welt zu entwickeln. Wenn wir, wie gerade beschrieben, differenziert vorgehen und abschichten sollen, dann gilt es, eine Auswahl zu treffen. Wir tun gut daran, diese Auswahl mit all unseren inneren Ressourcen zu treffen – sonst bleibt uns nur der Intellekt, der uns das vorschlägt, was er allen anderen Fachleuten auch vorschlägt.

Was interessiert mich wirklich? Wo ist meine Energie? Was setzt in mir echte Neugier frei? Was macht mir Angst? Das sind Leitfragen angesichts von Komplexität, die leidenschaftliche Forschung ermöglichen.

Emotionen liefern Orientierung

Das eigene Interesse, das persönliche Engagement, die

emotionale Beteiligung machen den Unterschied, wenn es darum geht, die Komplexität der Welt klug und im besten Sinne neugierig zu erforschen.

Natürlich gilt diese „Bedienungsanleitung" auch für uns selbst, sind wir doch selbst komplex und ist das, was uns unbewusst treibt, uns und anderen vielfach ein Rätsel. Die richtige Haltung uns selbst gegenüber empfiehlt sich entsprechend auch für den Nachbarn.

Eine Erhöhung der eigenen Komplexität wird auch Eigenkomplexität genannt. An ihr könnte manch einer verzagen – die Welt ist schon schwierig genug, nun auch noch ich selbst? Aber die gute Nachricht ist: Wer Zugang zu seinen Emotionen hat, ist im Besitz des Navigationssystems, das solide ganz auf die eigenen Belange anwendbar ist. Wenn dann anschließend der Verstand, die Lebenserfahrung oder Intuition hinzukommen: Wunderbar!

Emotionen helfen uns, nicht handlungsunfähig und ohne Entscheidung angesichts der Vielfalt unseres Lebens zu bleiben, sie geben uns Richtung und Orientierung. Und sie bleiben oft ein Geheimnis – für uns manchmal anstrengend, für Poesie oder Verliebtsein sicherlich förderlich.

Integration der inneren Ressourcen

Emotionen sind allerdings kein Allheilmittel! Sie sind der große Gewinn unserer Zeit zur Bearbeitung von Komplexität – eine innere Ressource, die bislang schlecht beleumdet war und deshalb wenig Definitionsmacht hatte. Angesichts der Welt, in der wir leben, benötigen wir neben dieser ersten, ganz zentralen Navigationshilfe der Emotionen jedoch noch mehr: die Aktivierung all unserer inneren Ressourcen.

Wer hat die Hosen an?

Zu diesen Ressourcen gehört ganz selbstverständlich auch unser Verstand, der bislang meist überbewertet „Herr im Haus" war. Dieser Irrtum ist unbedingt zu korrigieren! Herr oder Herrin im Haus sind wir selbst, und es geht ab sofort um eine angemessene Antwort auf die Fragen:

- Haben wir unseren Verstand oder hat unser Verstand uns?
- Haben wir unsere Emotionen oder haben unsere Emotionen uns?

Es geht keineswegs darum, der einen oder der anderen Ressource Deutungshoheit über unser Leben zu geben. Es geht schlicht und ergreifend darum, sie alle in unser Leben sinnvoll zu integrieren.

Diese Integration von inneren Ressourcen, wie sie in diesem Kapitel schon vorgestellt wurden, nenne ich Risikointelligenz: Emotionen, Erfahrungswissen. All das in Bewusstheit und auf der Basis einer soliden Einschätzung der Realität, in der wir leben.

Komplexität verlangt Zuversicht

Wo komplexe Prozesse wirken, darf uns die Angst vor

einem Scheitern oder möglichen Folgen nicht lähmen. Komplexität erfordert Zuversicht, ein solides Vertrauen darin, dass wir das Richtige getan und die richtigen Dinge in Bewegung gebracht haben. Ohne Zuversicht macht Komplexität uns kleinlich, missmutig oder resigniert – wer will schon ein solches Leben führen?

Risikointelligenz ist die Integration all unserer inneren Ressourcen. Dazu gehören neben dem Verstand die Emotionen sowie das Erfahrungswissen. Um Zugang dazu zu erhalten, benötigen wir Bewusstheit:

- *Bewusstheit entsteht durch Selbstbeobachtung und die Bereitschaft zur Reflexion.*
- *Über Bewusstheit werden uns eigene Prozesse, Gefühle und Muster zugänglich.*
- *So werden wir unserer und anderer Menschen Komplexität und der immer wieder ablaufenden Dynamiken zunehmend gewahr.*
- *Erfahrungswissen erfährt neue Wertschätzung neben dem wissenschaftsbasierten Wissen.*
- *Emotionen orientieren uns in komplexen Situationen.*
- *Alle inneren Ressourcen gemeinsam sind erforderlich, um der Komplexität des Lebens angemessen zu begegnen.*

30 MINUTEN

4. Risikointelligenz und der persönliche Methodenkoffer

Was gehört also alles in unseren eigenen Methodenkoffer für ein risikointelligentes Leben?

Zunächst noch einmal kurz die Voraussetzungen:

- Bewusstheit und Reflexionsbereitschaft sowie
- die Bereitschaft, die eigene Realität anzuerkennen.

Dazu kommen die schon beschriebenen zentralen inneren Ressourcen, die integrierter Bestandteil der Risikointelligenz sind:

- Emotionen und Erfahrungswissen werden aufgewertet und kommen zu neuen Ehren.
- Es bleibt natürlich beim Verstand, er wird nur von der ersten Stelle zurückgenommen und ins Repertoire integriert.

Doch das sind bei Weitem nicht alle inneren Fähigkeiten, die uns zur optimalen Steuerung unseres Lebens zur Verfügung stehen.

4.1 Wahrnehmung und Intuition

Von Wahrnehmung war schon in Sachen Bewusstsein die Rede. Wenn es um den persönlichen Methodenkoffer geht, dann stellt sich für jeden die Frage: Wie stark ausgeprägt ist meine Wahrnehmung?

Sinneswahrnehmung zulassen

Das betrifft zuerst einmal die Wahrnehmungsfähigkeit über die Sinnesorgane: Sind die eigenen Fähigkeiten intakt? Sind die Sinnesorgane ansprechbar und quasi „gebrauchsbereit"?

Wer mit Kopfhörern durch die Straßen geht, steht nicht für akustische Botschaften aus dem Hier und Jetzt zur Verfügung. Das Gleiche gilt für die Vieltelefonierer, die beim Gehen ins Handy sprechen und dabei mehr oder weniger konzentriert irgendwohin schauen – meist nicht in die unmittelbare Umgebung.

Das mag für Ausnahmen, für Sondersituationen passen, für einen risikointelligenten Alltag aber taugt das Ausblenden der Sinne wenig. Die Risiken des Alltags werden ja gerade nicht über Handy angemeldet, sondern etliche lassen sich sinnlich wahrnehmen: Es riecht komisch im Raum? Tatsächlich, die Kerze ist umgefallen. Der Motor hat ein merkwürdiges Geräusch? Stimmt, und auf dem Parkplatz zeigt ein frischer Ölfleck, dass sofort die nächste Tankstelle angesteuert werden sollte.

Hilfreiche Intuition

Was wir außerdem noch wahrnehmen können, sind Intuitionen, Ahnungen oder Bauchgefühle – meist zarte Impulse, die oft nicht genug Kraft haben, um uns in Bewegung zu bringen. Wer es sich angewöhnt, seiner Intuition zu trauen, der wird feststellen, dass sich hier zusätzliche Sicherheit und ein wachsendes Vertrauen in die eigenen Entscheidungen finden lässt.

Intuition wird im Allgemeinen verstanden als

- ein überraschend auftauchender Impuls, der sich rasch ins Bewusstsein drängt,
- und zwar auf der Basis einer Faustregel,
- und der wiederum mit spontanen und zufälligen Verbindungen in unserem Gehirn kombiniert wird.

Intuitionen können die Welt verändern, so klein sie auch sein mögen: Der Kniefall von Willy Brandt etwa vor dem Warschauer Kriegerdenkmal war nicht geplant, sondern erfolgte intuitiv. Der Friedensnobelpreis sowie eine neue Ostpolitik waren Folgen dieser Geste.

Wie geschärft ist Ihre Wahrnehmung?			
	+	0	+
Ich stöpsele mich im Verkehr und im Auto eher aus; dann kann ich diese Zeit angenehm nutzen und zum Beispiel ein neues Buch hören.			Ich bin offen für neue Ideen und Inspirationen, wenn ich vermeintlich „tote Zeit" erlebe, wie im Flugzeug, Zug etc., und offen für Eindrücke.

Intuition ist nichts für mich. Ich verlasse mich auf kausale oder beweisbare Verbindungen.				Ich habe gelernt, immer stärker auf meine Intuition zu hören – mit gutem Erfolg für mein Leben.
Phänomene wie Familienaufstellungen sind zwar interessant, aber letztlich Hokuspokus.				Aufstellungsarbeit zeigt, dass es weitere Wege zum Erkenntnisgewinn gibt.

Was möchten Sie zukünftig mehr in Ihrem persönlichen Methodenkoffer haben? Was wäre dazu ein guter nächster Schritt?

_____
_____
_____

30 *Eine gute Wahrnehmungsfähigkeit hilft, die Risiken des Alltags frühzeitig zu erkennen. Wer mit den Sinnen in der Realität, im Hier und Jetzt ist, profitiert von seinen Sinneseindrücken. Eine besondere Form ist die Intuition, die uns spontane und überraschende Optionen zur Entscheidungsfindung anbietet. Es lohnt sich, seiner Intuition zu trauen.*

4.2 Erkennen braucht Handeln

Wahrnehmung und Erkennen sind gute erste Schritte, aber wenig wert, wenn sie nicht in eine Handlung münden. Die Wissenschaftler sind sich einig: Wir haben kein Erkenntnis-, sondern ein Umsetzungsproblem.

Handlungskompetenz führt zu Flow

Es geht also nicht um ein weiteres Konzept, eine neue Theorie – es geht darum, dass die vorhandenen Einsichten, Erkenntnisse und Konzepte in die Praxis gelangen. Es geht um Handeln und in diesem Handeln um Professionalität, um Können – um die nötige Handlungskompetenz.

Handlungskompetenz heißt, einerseits die eigene Handlungsfähigkeit realistisch (hoch) einzuschätzen und andererseits auch Möglichkeiten zu haben, die Situation zu kontrollieren, in der man sich befindet.

Wer angesichts einer Bergwanderung seine Wanderfähigkeiten korrekt einschätzt und dazu die Situation kontrollieren, das heißt seine Wanderung auf seine Fähigkeiten hin ausrichten kann, der wird sich wohlfühlen und kann die selbst gesteckten Ziele gut erreichen.

Oft genug stellt sich bei einer solchen guten Kombination der bekannte Flow ein – nämlich dann, wenn die Herausforderung mit der eigenen Kompetenz in einem guten Verhältnis steht. Flow ist erkennbar an folgenden Wirkungen: Die Dinge geschehen leicht, Zeit vergeht wie im Flug, am Abend eines Flow-Tages schauen wir beglückt auf unser Tun und haben zwar Kraft verbraucht, aber auch neue Energie gewonnen.

Ein bekanntes Übel: Kontroll-Illusionen

Wer nun eine hohe Erwartung an seine eigene Kompetenz hat, fällt bei der Notwendigkeit zum Handeln oft auf die Nase – vor allem dann, wenn er die Situation falsch einschätzt. Wer etwa voller Zivilcourage in einen Streit eingreift, um einem Schwächeren zu helfen, der sollte die Situation auch kontrollieren können – entweder körperlich-technisch überlegen sein oder die Fähigkeit zur Deeskalation beherrschen.

Das Element, das zur Kompetenzerwartung hinzukommt, ist dementsprechend die Möglichkeit zur Kontrolle. Wer die Chance hat, die Situation zu kontrollieren, sprich: zu gestalten und zu verändern, der wird seine vorhandene Kompetenz gut einsetzen können.

Autorität sein und haben

Wer Handlungskompetenz hat, der wird automatisch zu einer Autorität – er ist Autorität. Menschen wenden sich immer wieder an den, der nicht nur redet, sondern auch vorlebt, was er sagt. Hier liegt ein Dilemma von hierarchischen Strukturen: Macht wird dort an Positionen gebunden, nicht an Kompetenzen – jemand hat Autorität zugewiesen bekommen, qua Funktion, füllt diese Autorität aber oft nicht mit Leben.

Neue autoritative Konzepte gehen davon aus, dass ein zeitgemäßes und menschenwürdiges Gegenmodell zu den traditionellen Machtstrukturen in der Entwicklung von Persönlichkeit und persönlicher Stärke liegt.

Überprüfen Sie die Gefahr einer Kontroll-Illusion!

1. Wo haben Sie eine zu hohe Kompetenzerwartung an sich selbst? Nennen Sie drei Beispiele:

a._____

b._____

c._____

2. Wo haben Sie keine Möglichkeiten, eine Situation zu kontrollieren und müssen dennoch handeln? Geraten Sie in eine Kontroll-Illusion?

_____

_____

_____

3. Wo sehen Sie Ihre Handlungskompetenz auf einer Skala von 0 (schlecht) bis 10 (sehr gut), wenn es um Folgendes geht:

a. Ihren Beruf _____

b. Ihre Beziehungsfähigkeit _____

c. Kindererziehung _____

d. Ihr Hobby/Sport _____

e. Sich selbst Gutes tun _____

Was heißt das für Sie? Sind Sie damit einverstanden?

Alle wichtigen Einsichten liegen vor, alles Wesentliche ist schon gesagt – jetzt ist Handlungskompetenz erforderlich. Wer eine Situation nicht kontrollieren kann und hohe Kompetenzerwartungen an

sich selbst hat, der gerät leicht in eine Kontroll-Illusion mit den bekannten Nachteilen von Büro-kratisierung, Technisierung und Aufrüstung von allen möglichen Kontrollinstanzen.

4.3 Ergebnisoffene Prozesse

Wir sind es gewohnt, immer auf ein Ziel hinzuarbeiten. Ich hatte beispielsweise als Studentin das Ziel, Verlags-leiterin zu werden. Als ich das mit 28 Jahren erreicht hatte, war ich einerseits glücklich, aber auch am Ende meiner Träume und entsprechend ratlos: Was jetzt? Was soll denn jetzt noch kommen?

Meine nächsten Schritte waren der intensiven Suche neuer Ziele gewidmet. Heute sind auch die alle erreicht. Mittlerweile habe ich verstanden, dass es nicht um das Suchen geht, sondern um das Finden von Zielen – und zwar ganz simpel und einfach im Alltag, während des ganz normalen Lebens. Indem ich Chancen nutze, die sich bieten, lerne ich Neues über mich, meine (bisher unbewussten) Wünsche und meine Fähigkeiten und kann neue Entscheidungen treffen. Der Weg ist tatsäch-lich das Ziel.

Qualitative statt quantitative Ziele

Meine Erfahrung mag hier beispielhaft stehen für die At-traktivität von Zielerreichungsplänen. Wenn diese Ziele qualitativ sind, dann ist es möglicherweise erfreulich, sich auf den Weg zum Ziel zu machen. Angesichts quantitativer Ziele wird daraus schnell ein ständiger Kampf. Quantitative Ziele haben die Tendenz, uns bei Erreichen zu enttäuschen. Wer etwa 20 Kilogramm abnehmen will, kann das auch über die Amputation eines Beines erreichen. Qualitativ war aber der Wunsch, die Jeans vom Abi wieder tragen zu können oder die Figur mit 18 wiederzuerlangen.

Geschlossene Prozesse sind zertifizierbar

Auf quantitative Ziele hin lassen sich geschlossene Prozesse ausrichten. Ein geschlossener Prozess bedeutet, dass eine bestimmte Abfolge, ein definierter Ablauf als erfolgreicher Weg definiert wird. Das Ziel „Abitur" wird in Deutschland mit einer unübersichtlichen Zahl von in sich geschlossenen Prozessen erreicht – von Bundesland zu Bundesland anders, für Eltern und Schüler ein Grausen. Dieser geschlossene Prozess heißt Schule. Für Behörden, die Schule verwalten und lauffähig halten wollen, offenbar immer noch die einzige Art, Bildung zu realisieren.

Entwicklung braucht Raum

Dabei ruft der Bildungsauftrag von Schule geradezu nach qualitativen Zielen und damit nach offenen Prozessen. Hier liegt offensichtlich ein Problem: Verlaufs- und ergebnisoffene Prozesse erfordern nicht nur qualitative Ziele, sondern auch eine ebensolche Begleitung. Und sie sind schwer zu kontrollieren – entsprechend geraten viele Menschen, gerade in Verwaltungen, an ihre persönlichen Grenzen. Sie wünschen sich mehr Kontrollmöglichkeiten und landen – trotz guter Vorsätze – im Sumpf von Bürokratisierung und Technokratie. Ergebnisoffene Prozesse sind Prozesse, die sich am tatsächlichen Verlauf festmachen. Deshalb bedürfen solche Prozesse eines geschützten Raumes, in dem Bewegungen und Veränderungen möglich und gewünscht sind. Man kann niemanden entwickeln, aber man kann Raum für Entwicklung schaffen.

Entwicklung ist per se ein nicht kontrollierbarer Prozess. Kein Wunder, dass sie durch geschlossene Prozesse an Qualität verliert. Geschlossene Prozesse sind untauglich für Entwicklung.

Das eigene Potenzial leben

Wie also entwickelt sich der, der gern sein volles Potenzial leben möchte? Wer sich selbst und seine Möglichkeiten optimal entfalten will, der wird in unserer Gesellschaft nicht gerade verwöhnt: Das alte Paradigma „Ausbeutung von Ressourcen", für die Industriegesellschaft selbstverständlich, kämpft gegen die neue Freiheit zur „Entwicklung des Potenzials".

Wer sein eigenes Potenzial leben will, der ist immer wieder aufgerufen, die eigenen Konzepte zu überprüfen: Der hat die Aufgabe, den goldenen Schein gegen realistische Einschätzungen einzutauschen und das eigene, oft schnöde Erleben nicht schönzureden, sondern zu verarbeiten und für sein Leben zu lernen.

Wie halten Sie es mit ergebnisoffenen Prozessen?

	Ja	+/-	Nein
Für mich war Schule goldrichtig, ich fühlte mich immer gut gefordert und gefördert.			
Ich setze mir regelmäßig Ziele: 1. quantitative, z. B. _____ 2. qualitative, z. B. _____			
In meinem Leben habe ich Erfahrungen mit Prozessen gemacht, die ... 1. ergebnisoffen sind. 2. geschlossen sind.			

Was bedeutet das für Sie? Hat das Konsequenzen?

Qualitative Ziele statt quantitativer Ziele, so lautet eine Botschaft für den Umgang mit uns selbst. Wer sich selbst Ziele setzt und sich entwickeln will, der bekommt es zudem mit ergebnisoffenen Prozessen zu tun. Entwicklung ist nicht in geschlossenen Prozessen möglich oder nur gegen den Prozess. In den seltensten Fällen entwickeln sich Menschen genau mit den von außen auferlegten Prozessen.

4.4 Selbstorganisation entlastet

Ergebnisoffene Prozesse werden unseren Dynamiken und unserer Komplexität gerecht. Wie aber lässt sich vor diesem Hintergrund Zusammenarbeit, Beziehung und familiäres Miteinander denken? Ein Schlüssel zur Lösung bietet das Konzept der Selbstorganisation.

Sich selbst als selbstorganisiert sehen

Wir selbst sind als lebende Systeme hochgradig selbstorganisiert. Niemand muss sich zum Atmen anhalten, das Blut kreist von allein durch die Adern und alle Stoffwechselprozesse sind ohne unser Zutun und ohne unsere Klugheit meistens ausgezeichnet in der Lage, unseren Körper lebendig, fit und vital zu halten.

Wir sind als Menschen angehalten, für die Bedingungen zu sorgen, die diesem gut funktionierenden System guttun und es am Laufen halten. Wir sind zuständig für das Bemerken von Störungen und dafür, diese zu beheben. Wir ziehen uns warm oder leicht an, wir laufen langsam oder schnell – wir kümmern uns um Anpassungsleistungen an unsere Umwelt, man könnte auch sagen, wir bemühen uns um die Interaktion mit unserer Umwelt – wir sind also gewissermaßen eingebettet in einen bestimmten Kontext.

Selbstorganisation ermöglichen

Ähnlich geht es Gruppen, die sich als eigenständige Systeme denken lassen. Gruppen sind, der Teamarbeit in vielen Industriebetrieben geschuldet, sehr gut untersucht. Aus diesen Untersuchungen wissen wir: Es muss nicht alles von außen oder gar von oben geregelt werden. Wir dürfen darauf vertrauen, dass Menschen miteinander sprechen, durch bestimmte Prozesse miteinander gehen und am Ende zu einer ausgezeichneten Form der Zusammenarbeit kommen. Das gelingt nicht immer.

Gemeinschaft bilden

Besonders herausfordernd wird es, wenn es um Gruppenbildung von starken Persönlichkeiten geht. Lässt sich so etwas auf Dauer ohne Moderation durchhalten? Es gibt nicht viele erfolgreiche Konzepte für eine Gemeinschaft auf Augenhöhe wie etwa das der Gemeinschaftsbildung nach M. Scott Peck oder die aktuelle Bewegung des „Art of Hosting" mit dem Ziel, relevante Begegnungen und gehaltvolle Gespräche zu fördern.

Um Prozesse zu gestalten, ist es nötig, Raum für Selbstorganisation zu schaffen. Das kann für die eigene Entwicklung gelten, gilt aber auch für die Zusammenarbeit in Gruppen und Teams.

4.5 In Summe: Authentizität

Unsere vorhandenen inneren Ressourcen von der Intuition zur Handlungskompetenz, vom Umgang mit Entwicklung, Selbststeuerung und anderen ergebnisoffenen Prozessen, aber auch unsere eigene Selbstorgani-

sation wie unser Verhalten in Gruppen – alle diese
Möglichkeiten liegen in uns.

Eine Gesellschaft im Wandel

Die in den 1960er-Jahren deutlich gewordene Abnabe-
lung von Autoritäten, autoritären Mustern und Hierar-
chien geht weiter. Kirchliche Institutionen, die traditionellen Religionen, und unser Gesundheitssystem, die
Ärzte, stehen im Moment besonders zur Disposition.
Beide waren bislang die anerkannten Träger von Verantwortung – die einen für unser Seelenheil, die anderen für unser körperliches Heil. Im Moment erleben wir
einen elementaren Umbruch. Am Ende wird stehen,
dass wir selbst die Verantwortung übernehmen – für
unseren Glauben und für unsere Gesundheit.
Das läuft nicht ohne Schmerzen ab: Zum einen wollen die-
jenigen, die bislang die Deutungshoheit hatten, ungern ihre
Macht aufgeben, zum andern sind wir selbst gar nicht in der
Lage, diese Verantwortung sofort und ad hoc zu übernehmen. Kein Wunder, dass es hier immer wieder zu Chaos
kommt und unterschiedliche Strömungen dem Einzelnen
hier oder da Orientierung geben, oft nur für den Übergang.

Probleme der Außensteuerung

Außensteuerung ist hilfreich, wenn wir nicht selbst
steuern können. Das gilt für Babys und Kleinkinder,
aber keinesfalls für gesunde, vitale Erwachsene. Außensteuerung heißt, ich verlasse mich auf eine externe Autorität – das können Lehrbücher, Institutionen, Perso-

nen oder offene wie heimliche Verhaltensregeln sein. Woran erkennt man Außensteuerung bei sich und anderen? Menschen, die sich in ihrer Persönlichkeit auf andere verlassen, wirken – gerade in entscheidenden Momenten – wie Marionetten, leblos und wenig attraktiv. Sie funktionieren.

Innensteuerung ist ganz persönlich

Innensteuerung steht dafür, die eigenen inneren Ressourcen zu nutzen. Dabei müssen wir uns diese Ressourcen wie einen Muskel vorstellen: Sobald er benutzt wird, entwickelt er sich und gewinnt Kontur, wird geformt, gestaltet, wirksam.

Es reicht also nicht, die inneren Ressourcen zu kennen, sie müssen entwickelt, gefördert, trainiert werden – das gilt auch für unser Gehirn. Auch dieses entwickelt sich dadurch, dass und wie wir es benutzen.

Authentizität gewinnen

Ein wesentlicher Effekt von Innensteuerung ist Authentizität. Viele Menschen möchten authentisch wirken – das geht leider nur, indem man auch authentisch *ist*. Verglichen mit introvertierten werden eher extrovertierte Menschen oft für authentischer gehalten. Sie setzen oft mehr Energie in ihr Auftreten, scheinen lustiger, lauter, manchmal lebendiger – was dann aber auch für die nicht so angenehmen Seiten gilt, für die Situationen voller Jähzorn, Unbeherrschtheit, Wut. Sie bestimmen oft die Gruppen, in denen sie agieren, und sind oft nicht integer.

Integrität entwickeln

Wenn unter Authentizität verstanden wird, sich nicht immer zu beherrschen und seine Stimmungen auszuleben, dann geht es uns eher um Integrität? Integrität definiere ich als Summe aus Authentizität und Verbindlichkeit. Verbindlichkeit heißt, ich kann zu meinen Äußerungen stehen und damit im Einklang leben – ohne mich zu verbiegen oder andere zu schädigen.

Bestandsaufnahme Ihres persönlichen Methodenkoffers der Risikointelligenz:

Wo stehen Sie hinsichtlich der folgenden Themen?	-	0	+
Umgang mit Emotionen			
Aufbau und Nutzen von Erfahrungswissen			
Nutzung des Verstandes			
Selbstbeobachtung einsetzen			
Sich der eigenen Realität bewusst sein			
Frei sein von Illusionen, Sucht und Suche			
Wahrnehmung und Intuition			
Handlungskompetenz entwickeln			
Selbstorganisation ermöglichen			
Authentisch leben			
Authentisch arbeiten			
Integer (authentisch + verbindlich) leben			

Wo wollen Sie zulegen? Was möchten Sie entwickeln?

_____

_____

_____

Risikointelligenz setzt auf die inneren Ressourcen eines jeden Einzelnen. Neben den Elementen Emotionen, Verstand und Erfahrungswissen geht es um die Hebung folgender Ressourcen:

- *Als Erstes die Nutzung der Sinneswahrnehmung, die uns auf Risiken aufmerksam macht, solange sie noch klein/unbedeutend sind.*
- *Intuition zu entwickeln und auszubauen lohnt sich.*
- *Handlungskompetenz ist nötig, sprich: Umsetzungsstärke statt nur rein rhetorischer Stärke.*
- *Kontroll-Illusionen führen zu Bürokratisierung, Technisierung und Aufrüstung von allen möglichen Kontrollinstanzen.*
- *Ergebnisoffene Prozesse ermöglichen Entwicklung und sind geschlossenen Prozessen in vielen Fällen vorzuziehen.*
- *Selbststeuerung will geübt sein, das heißt, etwas über die eigenen Ressourcen, Möglichkeiten und Grenzen zu wissen.*
- *Selbstorganisation ermöglicht es, in Gruppen und Teams erfolgreich und kraftvoll Prozesse zu realisieren.*
- *Authentizität ist in der Persönlichkeit spürbar und zieht andere Menschen an.*
- *Integrität koppelt authentisches Verhalten mit Verbindlichkeit sich selbst und anderen gegenüber und ist damit die „Königsdisziplin".*

30 MINUTEN

5. Risikointelligenz lässt sich entwickeln

Der erste Schritt ist immer der wichtigste. Keine große Reise ohne ihn, kein kleiner Weg. So auch bei der Risikointelligenz.

Während die allgegenwärtige Außensteuerung uns dazu verführt, dass wir angesichts vieler Aufträge die Frage stellen: „Was soll ich tun?" – und es dann auch tun –, setzt risikointelligentes Tun bei unseren Bedürfnissen an statt bei denen der anderen.

Es gilt, sich selbst angesichts des gleichen Auftrags zu fragen: „Was möchte *ich* in dieser Sache?", um dann einen zweiten Schritt zu machen mit der Bestandsaufnahme: „Was steht mir dafür zur Verfügung?"

Wir beginnen bei uns und gehen dann weiter zum Anspruch von außen. Das ist der grundlegende Prozess: Erst die eigenen Bedürfnisse erkennen und akzeptieren, dann schauen, was die anderen von uns wünschen.

5.1 Eigene Bedürfnisse kennen

Wie erkennt man seine Bedürfnisse? Sie sind die direkten Antworten auf die Frage: „Was möchte *ich*?", und haben meist wenig mit Konsum zu tun. Das als erste Faustregel. Wenn der Chef beispielsweise anfragt, den Urlaub zu verschieben, dann lautet die erste Frage häufig: „Was soll ich tun?", und lenkt den Blick darauf, welche Konsequenzen das hätte. Man ist schnell bei Karriere-Überlegungen und damit ebenso schnell weit weg von sich selbst.

Was ist mein Bedürfnis?
Wichtiger wäre es, zunächst einmal die Frage zu stellen „Was *möchte* ich?" und die Frage „Was *soll* ich?" erst anschließend zu beantworten.
Wer bei den Wünschen der anderen beginnt, der muss viel rudern, um bei den eigenen Wünschen anzukommen. Zudem entwickeln die anderen die Fähigkeit, ihre Wünsche so zu formulieren, dass manch einer gar nicht anders kann als zuzustimmen. Manipulation ist dann möglich, wenn wir nicht bei uns sind.

Anerkennen öffnet den Prozess
Wer sein eigenes Bedürfnis jetzt und in dieser Sekunde anerkennt, der ist integer und öffnet seinen wirklichen Wünschen den Raum. Oft verändert sich dann das Bedürfnis, manchmal sogar ins Gegenteil: Ein Kollege akzeptierte, dass er zu übermüdet und ausgelaugt war, um eine Krankheitsvertretung für ein durchaus inte-

ressantes Seminar zu übernehmen. Ihm fiel es schwer, sich das einzugestehen. In dem Moment, als er das akzeptierte, wendete sich das Blatt. Er fand zunehmend Freude daran, sich doch einzulassen, und merkte, wie mit der Motivation auch die Kräfte wuchsen.

Marketing stillt keine Bedürfnisse

Marketing etwa weckt den Bedarf nach einem bestimmten Produkt und drückt dazu die relevanten „Knöpfe". Werber und Marketingfachleute wissen mehr über unser Kaufverhalten und unsere Entscheidungen als wir selbst, und sie nutzen dieses Wissen – zu ihren Gunsten natürlich, nicht zu unseren.

Wer seine Bedürfnisse kennt, kann auf die Anforderungen seiner Umwelt kompetent in eigener Sache reagieren. Manipulation wird damit weitgehend obsolet. Das hat Auswirkungen auf Werbung und Marketing, die gerade auf unsere Unkenntnis der eigenen Wünsche setzen.

5.2 Verantwortung statt Schuld

Wer seine Bedürfnisse kennt, kann für sich selbst ganz anders in die Verantwortung gehen. Erst dann ist er in der Lage und fähig, wirklich Antwort zu geben. Natürlich sind wir zunächst einmal dazu da, unsere eigenen Bedürfnisse zu erfüllen. Wenn jeder vor der eigenen

Tür kehren würde, wäre überall gekehrt. Wir sind nicht aufgefordert, woanders vermeintliche Defizite zu beheben – wir sind aufgefordert, unseren eigenen Bedürfnissen gerecht zu werden.

Verantwortung übernehmen

Mit der Klarheit über die eigenen Bedürfnisse kann ich meinen Energie-Einsatz für deren Befriedigung gut einschätzen. Wenn ich meine Bedürfnisse nicht allein befriedigen kann, dann geht es darum, andere dafür zu gewinnen, mich zu unterstützen.

Aus solcher Einfachheit heraus ist der Win-win-Gedanke entstanden: Derjenige, der ein Bedürfnis hat, setzt einen Prozess in Gang und gewinnt andere zur Mitwirkung, die von diesem Prozess ebenfalls profitieren. Verantwortung für den Prozess hat immer der, der ihn will und trägt.

Das schlechte Gewissen

In unserer Gesellschaft wird oftmals nach Verantwortung gefragt und dann daraus Schuld entwickelt. Manche Menschen fühlen sich schuldig und tragen schwer an ihrem schlechten Gewissen.

Schuldgefühl und ein schlechtes Gewissen sind aber weniger ein Ausdruck von realer Schuld als vielfach eher ein Indikator dafür, dass ein Mensch sich selbst als irreparabel schlecht oder fehlerhaft annimmt. Es weist darauf hin, dass hier ein Mensch aufgrund äußerer Ver- oder Gebote in Selbstverachtung, Scham oder Rachege-

fühle geraten ist. Das muss nichts mit realer Schuld zu tun haben und ist oft intrapsychisch.

Der Unterschied zur Schuld

Wer schuldig geworden ist, hat in der Tat einen Fehler gemacht. Er wird sich zu seiner Schuld bekennen, um Verzeihung bitten, Strafen annehmen oder Ähnliches – so lange, bis er sich schließlich selbst vergeben und, an seinem Fehler gewachsen, den nächsten Schritt machen kann. Die innere Instanz von Schuld ist ebenfalls das Gewissen, aber nicht das per se „schlechte Gewissen".

Verantwortung erfordert als Voraussetzung Klarheit über die eigenen Bedürfnisse. Erst in diesem Bewusstsein kann verantwortet werden, was wir tun (und lassen). Schuld selbst ist nicht reparabel, aber sie lässt sich verarbeiten und erweist sich dann als Wachstumsmotor. Ein schlechtes Gewissen versperrt den Blick auf die Wirklichkeit, weil es von der dauerhaften eigenen Fehlerhaftigkeit ausgeht.

5.3 Mehr Kommunikation!

Die eigenen Bedürfnisse zu erkennen, mag ja für viele noch recht einfach sein. Die Fähigkeit, die eigenen Bedürfnisse auszudrücken, steht meist für eine große Herausforderung. Wir sind es nicht gewohnt, um etwas zu bitten. Viele Menschen vermeiden unter allen

Umständen Fragen, bei denen sie ein „Nein" riskieren.

Sich im Dialog mit anderen entwickeln

Wer seine Bedürfnisse nicht kennt, dem fällt die Einschätzung schwer: Lohnt es sich, anderen etwas zuzumuten? Lohnt es sich, meine Beziehung zu einem anderen auf die Probe zu stellen? Wer aber mit seinen Bedürfnissen vertraut ist, der kann abwägen – und schließlich ist er für die Erfüllung der eigenen Bedürfnisse in der Verantwortung.

Wichtig zur Entwicklung der eigenen Risikointelligenz sind tatsächlich geführte Dialoge, sprich: die Interaktion mit Menschen.

Der Dialog als kreativer Prozess

Im Dialog öffnen wir uns für die Anregungen eines anderen, der eigene Bedürfnisse und eigene innere Dynamiken hat. Wenn die Gesprächspartner sich beide von dem, was der jeweils andere sagt, bewegen lassen, dann wird aus dem Dialog ein Power-Instrument. Ein ähnlich kraftvoller Motor zum Verstehen, Entwickeln und Innovieren ist mir bislang nicht bekannt. Es geht um Austausch, um Interaktion – es geht um Beziehung.

Erfolgreiche Kommunikation

Kommunikation ist schwierig und nicht zu perfektionieren. Es ist einfach unmöglich, dass die Beteiligten dem anderen immer genau das vermitteln können, was sie wollen. Für unsere Gesprächspartner öffnet sich in jedem Gespräch, mit jeder Botschaft eine andere Synapse im Gehirn, eine andere Erinnerung, eine andere Assoziation. Erfolgreiche Kommunikation lässt sich aber immerhin an dem Handeln erkennen, das sie auslöst. Für Führungskräfte bedeutet das, voll in die Verantwortung für die eigene Kommunikation zu gehen, oder genauer gesagt: Jeder ist zu 100 Prozent verantwortlich für das Gesagte und jeder ist zu 100 Prozent verantwortlich für das Gehörte.

Kommunikation hängt in starkem Maße von uns selbst ab, von der eigenen Fähigkeit, tatsächlich im Hier und Jetzt zu sein, und der Bereitschaft, die volle Verantwortung für unser Hören und Reden zu übernehmen.

5.4 Evolutionäre Anpassung

Wer seine Bedürfnisse kennt, diese (erfolgreich) kommunizieren kann und in der Verantwortung für sich selbst steht, der kann sich anschließend der Frage stellen, was das Umfeld will und erfordert.
Es geht – erst jetzt – um ein „Was soll ich tun?" und das Abwägen dessen, was erforderlich ist, damit ich meine Bedürfnisse in meinem Umfeld befriedigen kann und auf Anforderungen anderer zugleich angemessen reagiere.

Überholte Konzepte abwählen

Im Bereich der Kommunikation zeigte sich schon, wie wichtig es ist, alte Konzepte über Bord zu werfen, wenn sie sich als untauglich erweisen. Hierzu gehören vor allem Erwartungen.

Erwartungen führen dazu, dass andere uns enttäuschen – im besten Falle landen wir also beim Ende der Täuschung. Das ist leicht gesagt, denn zugleich ist Enttäuschung immer schmerzhaft. Wenn es ums Überleben und die Erhaltung der Art geht, bleibt keine Zeit, um sich die Wunden zu lecken.

Kontext berücksichtigen und vermitteln

Aber es geht nicht nur um alte Konzepte, sondern auch um die reale Situation. Wenn hier alle inneren Ressourcen aktivierbar sind, dann gibt es aus dem System selbst heraus einen Impuls, wie mit der Situation am besten umzugehen ist. Das kann eine Intuition sein, das kann ein Gefühl sein, das kann ein Gedankenblitz sein.

Evolutionär ist, was sich durchsetzt. Dazu ist – neben gut trainierten inneren Ressourcen – auch die Anpassung an die Umwelt, an die Realität erforderlich.

5.5 Einzigartigkeit als Prinzip

Wer seine inneren Ressourcen trainiert wie einen großen, mehrdimensionalen Muskel, der gestaltet sich ein individuelles Superpaket für die Fragen seines Lebens. Je stärker die Ressourcen trainiert sind, umso besser vernetzen sie sich.

Einzigartigkeit ist ganz normal

Diese Vernetzung ist ganz individuell. Keiner von uns führt das gleiche Leben – jeder also, der auf die Erfordernisse seines Lebens mit seinen eigenen Möglichkeiten reagiert, entwickelt diese auf seine Weise. Das führt zu zwei wunderbaren Effekten:

Erstens ist jeder von uns einzigartig – das sind wir sowieso, wie wir theoretisch meist wissen, aber wir erleben es nicht, wenn alle sich zunächst anpassen. Wir erleben Einzigartigkeit dann, wenn Authentizität und vielleicht auch Verbindlichkeit auftreten, wenn Menschen attraktiv werden, ohne sich aus der Menge auszuschließen, ohne exklusiv zu werden.

Zweitens führt diese ständige Verstärkung der Ressourcen zu Reife. Reife ist das Geschenk, das das Alter für uns bereithält. Wer reift, der altert in Würde. Allen anderen sei zu Schönheitsoperationen geraten.

Anpassung, wenn nötig

Unsere inneren Ressourcen führen uns aber nicht nur zu Reife, sondern auch zu der Fähigkeit, in unübersichtlichen Situationen, angesichts von Gefahren, vor allem aber in den Entscheidungssituationen von Risiken angemessen und erfolgreich zu handeln. Hier ist die Fähigkeit zur evolutionären Anpassung gefragt, und auch sie erreichen wir über die Stärkung unserer Innensteuerung.

Seine eigene Risikointelligenz entwickelt und fördert jeder Einzelne, indem er bei den eigenen Bedürfnissen beginnt.

- *Manipulation wird damit weitgehend obsolet.*
- *Gleichzeitig entwickelt sich Verantwortung gegenüber sich selbst. Jetzt sind wir fähig, für uns selbst einzustehen.*
- *Verantwortung ist nicht Schuld. Selbst wenn wir schuldig werden, können wir Verantwortung für unser Tun oder Nicht-Tun übernehmen und daran wachsen.*
- *Kommunikation ist ein kreativer Prozess, der uns mit anderen in eine innovative, inspirierende und aufrichtige Beziehung bringen kann.*
- *Wir müssen dafür allerdings Verantwortung für unser Reden und Zuhören übernehmen.*
- *Evolutionär ist, was sich durchsetzt.*
- *Das wird leichter mit gut trainierten inneren Ressourcen in Kombination mit der nötigen Anpassung an die Umwelt, an die Realität.*
- *Risikointelligenz funktioniert wie ein Muskel: je vielfältiger Training und Benutzung, desto mehr Fähigkeiten sind abrufbar.*
- *Das macht auf Dauer reif, nicht nur alt, und einzigartig statt einfach „anders".*

Fast Reader

1. Risiken behindern den Erfolg

*Die Zukunft bleibt unberechenbar. Wo quantitative
Konzepte scheitern, können wir aus Risiken Hand-
lungsorientierung entnehmen: Was hilft?*

Dabei sind folgende Erkenntnisse wichtig:
- **Risiken eröffnen Handlungsspielräume und Op-
  tionen auf Alternativen.**
- **Angesichts von Risiken sind Funktionieren oder
  Heldentum falsch. Sie helfen nur bei Notlagen.**
- **Emotionen liefern in Komplexität und Dynamik
  ein solides Navigationssystem.**
- **Wir müssen die Psycho-Logik des eigenen Han-
  delns und Fühlens neu lernen.**

2. Realität liefert unsere Basis

*Wir leben in Zeiten, in denen es keine Gewissheit
mehr gibt. Auf der Suche nach Orientierung gera-*

ten viele Menschen in Süchte oder an die ver-
meintlich klaren Verhältnisse von Polaritäten.

**Es gilt also, eine eigenständige Balance in dieser
Welt für sich selbst zu finden. Dabei bringen uns
folgende Aspekte in die Wirklichkeit:**
- **Die eigene Energiebilanz überprüfen: Habe ich
  mir Süchte ins Leben geholt?**
- **Illusionen und Realität unterscheiden üben.**

3. Risikointelligenz als Turbo

Reflexionsbereitschaft, das heißt die Bereitschaft zur
Selbstbeobachtung, hilft uns, angesichts unserer realen Situation die richtigen Konzepte zu entwickeln.

**Diese Konzepte sind rasch im Zugriff und unter-
stützen uns dabei, Komplexität zu reduzieren:**
- **Emotionen,**
- **Erfahrungswissen,**
- **Expertenwissen und Verstand.**

4. Risikointelligenz und der per-
sönliche Methodenkoffer

Neben diesen „mächtigen" inneren Ressourcen
stehen noch etliche kleinere, mehr oder weniger

gut ausgeprägte Ressourcen zur Verfügung, die entweder unterstützen oder punktuell sofort Orientierung geben, wo der jeweils eigene gute Weg zu finden ist. Sie bilden in Summe eine Art von innerer Steuerung, unsere Risikointelligenz.

Folgende „Talente" sind besonders wirkungsvoll, wenn sie trainiert werden:
- *Intuition,*
- *Handlungskompetenz,*
- *ergebnissoffene Prozesse,*
- *Selbstorganisation sowie*
- *Authentizität und Integrität.*

5. Risikointelligenz lässt sich entwickeln

Wesentlich ist bei allem Tun, sich der eigenen Bedürfnisse bewusst zu werden: Was will ich wirklich? Den besten Katalysator für den weiteren Umgang liefert dann der Dialog mit anderen.

Es geht um die Beantwortung von vier Fragen:
- *Was ist mein Bedürfnis?*
- *Was steht mir dafür zur Verfügung?*
- *Was soll ich tun, was wollen andere?*
- *Wie entscheide ich mich?*

Die Autorin

Prof. Dr. Brigitte Witzer, geb. 1958, ist geschäftsführende Gesellschafterin von evolutionen – Büro für postheroisches Management GmbH und Executive Coach.

Ihre Schwerpunkte sind Fragen von Veränderung und Persönlichkeitsstärkung in der Wirtschaft; sie steht für kluge und elegante Konzepte bereit, die immer in der Realität liegen und den Menschen in den Mittelpunkt rücken. Erfolg, so ihre Devise, ist möglich – bei Wahrung der Menschenwürde.

Bitte informieren Sie sich auf www.evolutionen.de oder auf www.witzer.net über ihre Haltung, ihren Ansatz und ihr Selbstverständnis. Sie erreichen sie in Berlin per Mail unter witzer@evolutionen.de.

Ihre aktuellen Bücher sind:
- Risikointelligenz. Berlin: Econ Verlag 2011.
- Die Zeit der Helden ist vorbei. München: Redline-Wirtschaft 2005.

Weiterführende Literatur

- Ben-Ze'ev, Aaron: Die Logik der Gefühle. Kritik der emotionalen Intelligenz. Edition Unseld. Frankfurt/Main: Suhrkamp-Verlag 2009.

- Dörner, Dietrich: Die Logik des Misslingens. Strategisches Denken in komplexen Situationen. Reinbek: Rowohlt Taschenbuch Verlag 2004.

- Hüther, Gerald: Bedienungsanleitung für ein menschliches Gehirn. Göttingen: Vandenhoeck & Ruprecht 2006.

- Hüther, Gerald: Die Macht der inneren Bilder. Wie Visionen das Gehirn, den Menschen und die Welt verändern. Göttingen: Vandenhoeck & Ruprecht 2010.

- Laughlin, Robert B.: Abschied von der Weltformel. Die Neuerfindung der Physik. München: Piper-Verlag 2007.

- Mitchell, Sandra: Komplexitäten. Warum wir erst anfangen, die Welt zu verstehen. Edition Unseld. Frankfurt/Main: Suhrkamp-Verlag 2008.

- Peck, M. Scott: Gemeinschaftsbildung. Bandau: Eurotopia-Verlag 2004.

Register